Die Macht des Minimalismus

Robert Brand

Vielen Dank für den Erwerb dieses Buches!

Ich freue mich Ihnen das Thema „Minimalismus" näher vorstellen zu dürfen und wünsche Ihnen viel Spaß mit diesem Buch. Außerdem möchte ich mich für das von Ihnen entgegengebrachte Vertrauen recht herzlich bedanken!

Falls Ihnen dieses Buch gefallen hat, würde ich mich sehr darüber freuen, wenn Sie sich 1 Minute Zeit nehmen würden, um eine Bewertung zu verfassen. Das würde sehr helfen. Viele Leser wissen gar nicht wie wichtig diese für uns Autoren sind, aber Rezensionen machen einen großen Unterschied aus! Ich wünsche Ihnen viel Vergnügen und gemütliche Stunden beim Lesen!

★ ★ ★ ★ ★

INHALT

Eine Welt voll Überfluss

Zu viel. Wer von uns stand noch nie mit dem diffusen, irgendwie beklemmenden Gefühl von Überforderung oder Überreiztheit – ganz gleich, in welcher Hinsicht – da und dachte sich einfach: Es ist zu viel. Oft zunächst einmal zu viel Stress, zu viel zu tun, zu viel Ärger, zu viele Dinge, die es zu bedenken gibt und um die man sich kümmern müsste, aber wenn man in dieses „zu viel" tiefer hineinhorcht, stellt man fest, dass es sich nicht selten auf ganz andere Dinge zurückführen lässt. Man nimmt an, dass Erschöpfung und Überforderung ihren Ursprung in den großen Dingen des Lebens haben – Arbeit, Beziehungen, Familie, Finanzielles – und die naheliegendste Reaktion ist zunächst Resignation, da man auf solche Dinge eben nicht rasch und effektiv einwirken kann und sie sich nicht so verändern lassen, dass unser Stresspegel dadurch sinkt. Diese Angelegenheiten sind komplex – aber was, wenn sie es in ihren Ursprüngen gar nicht wären? Dinge sind komplex, weil sie wiederum aus zahlreichen kleinen Dingen bestehen, und gegen diese überwältigende Flut an vielen kleinen Dingen gibt es ein simpel erscheinendes und weitgreifendes Instrument: Minimalismus. Das Wort selbst erklärt bereits, für was es steht: „mini", also so klein und so wenig wie möglich und wenn Sie nun etwas ungläubig den Kopf schütteln, weil Sie sich nicht vorstellen können, wie es etwa ihrem Beziehungsleben zuträglich sein soll, wenn Sie ein paar alte Tassen entsorgen, dann können Sie einmal Schritt für Schritt versuchen, diese großen Komplexe des Lebens rückwärts auf ihre Ursprünge herunterzubrechen.

Nehmen wir einmal an, Sie kommen gerade abends von der Arbeit nach Hause, treten in Ihre Wohnung und fühlen sich ausgelaugt, erschöpft und überfordert. Sie wissen, dass Sie noch an der nächsten Präsentation arbeiten sollten, weil Sie im Büro einfach nicht genug geschafft haben, aber auf Ihrem Schreibtisch türmen sich Bücher, alte Zeitschriften, eine Schachtel mit Kleinkram, den Sie längst aussortieren wollten und den Sie aus Zeit- und Platzmangel nun eben einmal dort zwischengelagert haben. Sie müssten also zunächst einmal den Schreibtisch freiräumen, aber bevor Sie das tun können, wäre es nötig, im Rest der Wohnung Ordnung zu schaffen, um die Dinge überhaupt verstauen zu können. Ohnehin wären Sie mit der Arbeit an Ihrer Präsentation nicht so im Verzug, wenn Sie sich nicht um tausende andere Dinge hätten kümmern müssen, die kleine Zusatzaufgabe, die Ihr Chef Ihnen aufgenötigt hat und die Sie nicht ablehnen wollten, um nicht als leistungsunwillig zu gelten, der Gefallen, den Sie einem Bekannten getan haben, weil es Ihnen unfreundlich vorgekommen wäre, ihm diesen abzuschlagen, die neuesten Artikel über die drohende Schließung des Jugendzentrums in Ihrer Nachbarschaft, die Sie unbedingt lesen mussten, um auf dem Laufenden zu bleiben und schließlich das Nachbarschaftstreffen, für das Sie zugesagt haben, sich um die Verpflegung zu kümmern. Sie sehen sich konfrontiert mit einer Vielzahl an Dingen, die eben nur in dieser Gesamtheit eine solch überwältigende Überforderung sind und wenn Sie jetzt feststellen, dass es genau diese Gemengelage an „zu viel" ist, die Ihnen letztlich das Leben schwer macht, haben Sie bereits den ersten und wichtigsten Schritt getan, sich dem anzunähern, was die minimalistische Lebensweise möchte: Erkennen, dass es in Ihrem Leben von vielen Dingen zu viel gibt.

Klassischerweise denkt man beim Minimalismus zunächst an materiellen Überfluss, denn in diesem lebt im Deutschland des 21. Jahrhunderts ein Großteil der Bevölkerung. Und bereits dieser materielle Überfluss kann eine immense Belastung sein, denn auch, wenn man sich dessen nicht unbedingt bewusst ist, zieht der bloße Besitz von Gegenständen allerhand nach sich: Wir müssen sie ordnen, pflegen, verräumen, reinigen, reparieren und uns auch angemessen mit ihnen beschäftigen, denn sonst hätten wir ja keinen Grund, sie zu besitzen. All diese Dinge kosten Zeit und Mühe, zudem bescheren sie uns ein schlechtes Gewissen, wenn wir es nicht ausreichend tun, was unser Unwohlsein nur noch verstärkt. Nicht von ungefähr kommt die Aussage, dass alles, was wir besitzen, letztlich wiederum uns besitzt.

Unser Besitz übt eine Macht über uns aus, in dem er uns Pflichten auferlegt, denen wir uns nicht entziehen können. Zudem sollte man nicht außer Acht lassen, dass unser Konsum, abgesehen von dem Stress, den er uns selbst bringt, für die Gesellschaft, in der wir leben, und letztlich für den ganzen Planeten eine Belastung ist. Minimalistisch zu leben ist also keineswegs nur eine Entscheidung für mehr persönliches Wohlbefinden, sondern aktive Übernahme von Verantwortung für die Welt, in der wir leben – ein Gedanke, der glücklicherweise derzeit immer weiter um sich greift. Wenn man diesen Überlegungen so weit gefolgt ist, erscheint es nunmehr logisch, dieses Problem des Überflusses vom materiellen Bereich auszuweiten auf sämtliche Ebenen des Lebens. Es mag zunächst unverständlich klingen, im Hinblick auf Freundschaften, Hobbys, gesellschaftliche Interessen oder Arbeitsleistung an Überfluss zu denken, aber wer aufrichtig über die Stressfaktoren seines Lebens nachdenkt, wird nicht selten darauf stoßen, dass er sich auch in diesem

Bereich zu viel „zumutet“. Jeder Mensch hat nur begrenzte Kapazitäten für Freundschaften und andere zwischenmenschliche Beziehungen und es ist unmöglich, jede Partybekanntschaft weiterzupflegen, egal, wie gut man sich verstanden haben mag.

Der Zwang des ständigen In-Kontakt-Bleibens mit vielen hält davon ab, mit wenigen wirklich wertvolle, tiefgehende Beziehungen aufrechtzuerhalten und natürlich verstärken Kommunikationsmittel wie WhatsApp oder Facebook diesen Zwang. Auch in anderen Bereichen ist der mediale Überfluss, dem wir ausgesetzt sind, mehr Fluch als Segen: Wir wissen ständig Bescheid über die nächste Demo und die neueste, wichtigste Petition, für die wir uns einsetzen sollten, das nächste gesellschaftliche Problem, gegen das es sich zu engagieren gilt und am Ende mischen wir hastig und verzweifelt überall mit, um nur ja den Anschluss an all die wichtigen Bewegungen nicht zu verlieren, während wir keine einzige davon tatsächlich wirksam und mit Hingabe verfolgen können. In gewisser Weise ist dieser immaterielle Überfluss weitaus tückischer und schädlicher als der materielle, denn er verwandelt ursprünglich kostbare und wichtige Dinge wie Freundschaft und gesellschaftliches Engagement in einen Stressfaktor, der uns der emotionalen Grundlagen dessen, was unser Leben ausmacht, beraubt. Es ist also ganz offensichtlich, dass es für die meisten Menschen dringend empfehlenswert wäre, in ihrem

Leben einmal gründlich auszumisten: den Kleiderschrank, das Bücherregal, die Handtaschensammlung, die Sportgeräte, die Facebook-Freundesliste, flüchtige Bekanntschaften und vieles mehr, jedoch auch abstrakte Dinge wie Lifestyle-Trends und gesellschaftliche Themen, denen man folgt. Die meisten von uns verzetteln sich in ihrem täglichen Leben in vielerlei Hinsicht und genau dem möchte sich der Minimalismus entgegenstellen: Er schafft Klarheit, Übersicht und Ruhe und gibt Raum für die Dinge, die uns wirklich am Herzen liegen. So können wir uns aus eigener Kraft wieder in die Lage versetzen, auszuwählen, was für uns von Bedeutung ist und uns Freude bereitet – denn letztlich ist dies das Einzige, wofür ein Mensch als Individuum lebt.

Dieses Buch möchte Ihnen Wegweiser und Handreichung sein auf einem Weg zu einem Leben, aus dem Überflüssiges, Nutzloses und Belastendes herausgestrichen wird. Es liefert grundsätzliche Überlegungen zur Problematik des Überflusses in vielen Bereichen, die vielleicht nicht immer augenfällig sind, und gibt praktische, konkret umsetzbare Maßnahmen und Anregungen an die Hand, mit denen Sie Schritt für Schritt sowohl in Ihrem Gedanken- und Empfindungsleben als auch in Ihrer unmittelbaren materiellen Umgebung für Ordnung, Klarheit und Zufriedenheit sorgen können.

Minimalismus als Grundlage für die Lebensgestaltung

So klar und verständlich das Prinzip des Minimalismus zunächst auch klingt, handelt es sich hierbei doch um eine komplexe und weitgreifende Sache, gerade aus dem Grund, dass es nicht möglich ist, den Minimalismus als nettes Hobby nebenher zu betreiben. Wenn Sie ernsthaft daran interessiert sind, geht es letztlich um nichts weniger als darum, Ihr Leben von Grund auf neu zu ordnen. Umso wichtiger ist es, sich mit den damit verbundenen Konzepten und der allem zugrundeliegenden Idee zunächst auf rein theoretischer Ebene gründlich auseinanderzusetzen, wozu der erste Teil dieses Buches dienen soll. Sie müssen gewissermaßen Experte des Minimalismus werden, wenn Sie tatsächlich Ihr zukünftiges Leben danach ausrichten wollen, wobei die nächsten Kapitel Ihnen als hilfreiche Einführung zur Seite stehen sollen.

WAS IST MINIMALISMUS?

Zunächst ist es wichtig, überhaupt zu verstehen, worum es bei der Idee dieser besonderen Lebensweise geht und ebenso ist es wichtig, worum es *nicht* geht. Falsche Vorstellungen und überzogene Hoffnungen lassen die meisten Vorhaben scheitern. Setzen wir also alles daran, dass zumindest leicht vermeidbare Irrtümer und Fehlannahmen diesem so umfangreichen Projekt nicht im Wege stehen.

URSPRUNG UND GESCHICHTE DER MINIMALISTISCHEN LEBENSIDEE

Wer sich mit der Idee des Minimalismus beschäftigt und im Internet ein wenig Recherche betreibt, der wird über diesen Begriff rasch im Zusammenhang mit den Bildenden Künsten und der Architektur stolpern, wo er jeweils eine bestimmte Stilrichtung bezeichnet. Auch, wenn man zunächst denkt, man habe dann eben ein unpassendes Suchergebnis erhalten, da man schließlich keine architektonischen Stile studieren wollte, stellt man rasch fest, dass die Begriffsgleichheit keinesfalls zufällig ist, denn sowohl in der Malerei oder Bildhauerei als auch in der Architektur lebt der

Minimalismus seit etwa den 1960er Jahren im Prinzip genau das vor, was der Kern der so bezeichneten Lebensweise ist: Ein Rückbesinnen auf das Simple, Geradlinige und Schnörkellose, also ein Verzicht auf Überflüssiges, Überbordendes und Ausschmückendes. Wenn die Architekten zugunsten klarer Linien beim Bau ihrer Häuser auf Fassadenschmuck und Ziersäulen verzichtet haben, so bedeutet das letztlich nichts anderes, als wenn ein Mensch darauf verzichtet, sich in seinem Leben mit Überflüssigem und dadurch Belastendem zu behängen. So steht der Begriff des Minimalismus also in jahrzehntelanger künstlerischer und architektonischer Tradition und wendet gewissermaßen deren Prinzipien auf das alltägliche Leben des Einzelnen an. Im Sinne dieser Lebensphilosophie bringt man den Begriff des Minimalismus vor allem mit einem Mann in Verbindung, der mit seiner „100-Dinge-Challenge" im Jahre 2008 diese Idee in den Fokus der Öffentlichkeit rückte, Dave Bruno. Wie der Begriff bereits verrät, machte er sich zur Aufgabe, künftig mit einem Besitz von nunmehr 100 Gegenständen zurechtzukommen. Die Grundidee dahinter unterschied sich jedoch in einem Punkt ganz grundsätzlich von der seit Jahrhunderten in verschiedenen Religionen praktizierten Idee von Entsagung und Verzicht: Es ging eben *nicht* darum, mit limitiertem Besitz irgendwie „zurechtzukommen", sondern für Bruno lag in dieser Besitzbegrenzung der Schlüssel zu Freiheit, Zufriedenheit und Fokussiertheit. Dieses materiell reduzierte

Leben sollte keine Prüfung auferlegen, die man unter Widrigkeiten irgendwie besteht, sondern es sollte ganz im Gegenteil eine unmittelbar wohltuende, befreiende Wirkung haben. Bruno stellte seine Lebensweise dem zunehmend überbordenden, grenzenlosen Konsum im Leben der US-Amerikaner des 21. Jahrhunderts entgegen, der sich vom gegenwärtigen Europa allerdings nicht grundsätzlich unterscheidet, weswegen seine Ideen jenseits des Atlantiks genauso relevant und drängend sind. Er war überzeugt davon, dass die meisten Menschen ohnehin weitaus mehr besitzen als sie benötigen, jedoch darüber hinaus auch mehr als sie glücklich macht. Sich dieser Dinge zu entledigen, müsste ihnen demzufolge eine regelrechte Erleichterung und Erlösung sein. Zwei, die dieser Idee ebenfalls folgten, ließen im Jahr 2016 Zuschauer in Filmform weltweit ihre Reise begleiten, auf der sie ihr Buch „Everything that remains" vorstellten. Joshua Fields Millburn und Ryan Nicodemus berichten hier von ihrem Leben als Minimalisten und lassen auch andere zu Wort kommen, die einen konsumreduzierten Lebensstil befolgen. Mittlerweile gibt es zahlreiche Menschen, die sich für eine solche Lebensweise entschieden haben, viele von ihnen schreiben im Internet über ihre Erfahrungen und Beweggründe und verblüffenderweise finden sich unter ihnen Menschen aus allen Schichten, Altersgruppen, Regionen und sozialen Umfeldern. Für manchen hippen, urbanen Uniabsolventen mag es zunächst lediglich ein weiterer

Lifestyle-Trend sein, dem er folgt, weil Veganismus und Yoga ihm zu langweilig geworden sind, seit alle es machen. Für viele Menschen ist es jedoch weitaus mehr als nur der neueste Trend. Sie finden im einfachen Leben das, was ihnen ihre individuelle Existenz wertvoll macht und was ihnen Befreiung bietet von Belastungen und Problemen, die sie bislang als prägend empfunden haben.

FORMEN UND MOTIVATIONEN – SO UNTERSCHIEDLICH WIE DIE MENSCHEN SELBST

Aber was genau ist es nun, was so vielen Menschen offensichtlich eine solche Erleichterung ist? Es sei hier noch einmal hervorgehoben, dass es eben *nicht* um mühevollen Verzicht geht, der quasi als Selbstgeißelung reinigen und befreien soll und genauso wenig geht es darum, es eine Weile ohne bestimmte Dinge auszuhalten. Der Grundgedanke hinter einer minimalistischen Lebensweise geht davon aus, dass es dem Menschen auf Dauer besser geht, wenn er sich eines Großteils seines Besitzes entledigt. Der Begriff „Besitz" ist hierbei sehr weit zu fassen und umfasst – wie in der Einleitung schon erwähnt – nicht nur materielle Dinge. Wer minimalistisch leben möchte, kann sich in sämtlichen Bereichen seines Lebens auf die für ihn notwendigen Dinge beschränken und es gibt hierbei weder Regeln noch Dogmen, denen man zu folgen hat. So unterschiedlich die Menschen sind, die sich zu einer solchen Lebensweise entscheiden, so unterschiedlich sind auch die Maximen, denen sie dabei folgen. Die wichtigste Grundlage ist stets die Freiheit von Zwang. Hinter dem Wunsch nach einem solchermaßen vereinfachten Leben steht schließlich die Sehnsucht nach einem Gegenentwurf zur Reizüberflutung durch Medien und Konsum. Wenn man also anfinge, auch hier wieder zu versuchen, einander zu übertreffen, so wäre schließlich nichts gewonnen. Keinesfalls soll ein minimalistisches Leben also ein weiterer Stressfaktor sein, den man irgendwie bewältigen muss, um sich zu beweisen, sondern ganz im Gegenteil soll diese Lebensweise den Wünschen und Bedürfnissen des Einzelnen entsprechen. Es gibt unterschiedliche Ausgangspunkte, die Menschen dazu animieren können, ihr Leben vereinfachen zu wollen. Viele wenden sich einem solchen Lebensentwurf zu, weil sie in ihrem ganz persönlichen Alltagsleben den Überfluss an materiellen Gütern als Belastung empfinden. Sie begreifen, wie viel Arbeit, Zeitaufwand, wie viele finanzielle Bürden und wie viel Verantwortung sie sich damit aufhalsen und erkennen immer mehr, dass der Lohn, den sie sich – und sei es in auch noch so abstrakter Weise – davon erhofft haben, viel geringer ist als erwartet und letztlich geringer, als dass sich all die Mühen lohnen würden. Ihr Hauptantrieb ist also ein ganz akutes, subjektiv empfundenes Unwohlsein aufgrund der überbordenden Vielfalt und Verzettelung in unterschiedlichsten Bereichen ihres Lebens. Andere hingegen nähern sich dem Minimalismus aus einer ganz anderen Richtung an, die eher grundsätzlichen Überlegungen und Überzeugungen folgt als persönlichen Empfindungen. Sie betrachten die derzeitigen Konsumgewohnheiten der westlichen Wohlstandsgesellschaft kritisch und gehen davon aus, dass es der Menschheit im Allgemeinen besser erginge, wenn sie sich mehr in Mäßigung üben würde. Das ständige Streben nach mehr ist für sie die Wurzel des Übels, ganz gleich, ob es nun um mehr Gegenstände, mehr Likes oder mehr Bekanntschaften geht. Wieder andere finden zum Minimalismus, indem sie sich mit den Auswirkungen unseres Konsumverhaltens auf die Umwelt und letztlich auf das Klima unseres Planeten beschäftigen. Weggeworfene Lebensmittel, Verpackungsmüll, Elektroschrott, Grundwasserverschmutzung und vieles mehr – die gigantische Problematik dieser Themenfelder ist in den letzten Jahren zunehmend in den Fokus zahlreicher Menschen gerückt, was man recht deutlich jeden Freitag beobachten kann, wenn Tausende bei den „Fridays for Future“-Demos auf die Straße gehen.

So unterschiedlich wie die Motivation ist naturgemäß auch die Art, in der Menschen den Minimalismus in ihr Leben Einzug halten lassen. Der eine möchte vor allem Ordnung in seinen bestehenden Besitz bringen und sich von Dingen trennen, die eigentlich überflüssig sind, der andere richtet den Blick vornehmlich auf sein zukünftiges Einkaufsverhalten, dem Nächsten geht es vor allem darum, seinen Medienkonsum und den medialen Austausch zu reduzieren und nach seinen tatsächlichen Bedürfnissen auszurichten, und ein Weiterer stört sich vor allem an seinem überbordenden Sozialleben, das ihm zunehmend Stress bereitet, anstatt emotionale Aufgehobenheit zu bieten. Für viele Minimalisten spielen mehrere dieser Aspekte eine Rolle und je nach ihrem persönlichen Empfinden gewichten sie ihre Bemühungen, wobei es auch in der Intensität der Minimalisierung große Unterschiede gibt. Das Prinzip des Minimalismus gibt keine festen Definitionen vor und verlangt kein Einhalten vorgegebener Mindeststandards. Dem einen ist es ein Bedürfnis, nicht mehr als zehn Kleidungsstücke zu besitzen, dem anderen vornehmlich, dass er keine Kleidung besitzt, die er selten oder ungern trägt. Manche sehnen sich nach dem reinigenden Gefühl eines radikalen Kahlschlags in ihrem ganzen Leben, andere wollen in gemäßigterer Weise ein Bewusstsein für die unterschiedliche Wichtigkeit ihrer Besitztümer und Angelegenheiten schaffen. Hierbei sind im Minimalismus in keine Richtung Grenzen gesetzt und man kann die genauen Rahmenbedingungen so festlegen, wie es für die eigenen Bedürfnisse passend ist.

WARUM IST MINIMALISMUS ÜBERHAUPT NÖTIG?

Bevor wir uns nun dem nächsten Bereich zuwenden, der sich dann konkret damit befasst, wie Sie den Minimalismus in Ihrem Leben umsetzen können, möchte ich Sie an dieser Stelle noch zu einem kleinen, nahezu philosophischen Exkurs einladen. Zum einen ist die nun folgende Fragestellung in anthropologischer und kulturhistorischer Hinsicht sehr interessant, zum anderen vertieft sie das Verständnis der Zusammenhänge und hilft dadurch, besser zu verstehen, um was es eigentlich geht, was wiederum eine große Hilfe dabei ist, sich zu motivieren, die angestrebten Veränderungen auch tatsächlich umzusetzen. Die Frage lautet schlicht: Warum ist die Hinwendung zu so etwas wie dem Minimalismus eigentlich überhaupt nötig oder, anders formuliert, wieso haben die Menschen angefangen, mehr zu kaufen, zu konsumieren und zu besitzen als nötig? Wie ist es passiert, dass wir uns so sehr im Konsum verloren haben und warum fällt es uns eigentlich so wahnsinnig schwer, damit aufzuhören? Bei der Beantwortung dieser Fragen hilft zunächst der Blick in die Geschichte entschieden weiter. Bleiben wir hierbei zunächst beim Beispiel Deutschland.

Die Wohlstandsgesellschaft, die sich Überfluss leisten kann, ist tatsächlich eine sehr moderne Erfindung. Noch vor 100 Jahren war die Gesellschaft unvorstellbar weit entfernt von dem maßlosen Überfluss, der sie heute kennzeichnet. Einen großen Vorschub lieferte zunächst die Industrialisierung, die es erstmals ermöglichte, dass Dinge massenweise hergestellt und auch verkauft wurden. Vor dieser Zeit waren die meisten Güter Einzelstücke, in Handarbeit hergestellt und teilweise maßangefertigt. Die Kosten für diese Produkte waren naturgemäß um einiges höher, was bedeutete, dass weitaus weniger Menschen sich diese leisten konnten und wer es konnte, der kaufte trotzdem noch mit deutlich mehr Bedacht und legte beispielsweise Wert darauf, dass die Objekte von hoher Qualität waren und Langlebigkeit versprachen.

Absolute Armut (im Gegensatz zur relativen Armut) gehörte um die Jahrhundertwende zum 20. Jahrhundert durchaus noch zur Realität in Deutschland, was bedeutete, dass auch trotz Industrialisierung ein großer Teil der Bevölkerung sich diese neuen Segnungen noch längst nicht leisten konnte. Den Umschwung brachte die Zeit des Wirtschaftswunders in den 1950er-Jahren, nachdem man die bittere Armut der Nachkriegsjahre überwunden hatte und sich dann im raschen wirtschaftlichen Aufwind befand. Und gerade diejenigen, die die Entbehrungen und das Elend der knappen Jahre nach dem Zweiten Weltkrieg erlebt hatten, taumelten freudig und euphorisch in diese neue Ära von Konsum und Besitz für alle. Es wurde mit rasender Geschwindigkeit zur Normalität, immer mehr Dinge zu besitzen – Autos, elektronische Haushaltsgeräte, Einbauküchen, Wohnzimmereinrichtungen –, und der Industrie- und Wissenschaftsstandort Deutschland tat mit immer rascher fertiggestellten und immer zahlreicheren neuen Entwicklungen sein Übriges, um die Konsumfreude der Bevölkerung anzuheizen. Anschaffungen und immer schnellere Neuanschaffungen wurden zur Zielsetzung für viele Bürger, die in vollen Zügen genossen, endgültig keinen wirklichen Mangel mehr zu kennen. Besitz wurde zunehmend zum sozialen Statusobjekt und mit der Bedeutungsabnahme der Religion auch zunehmend zum sinnstiftenden Element.

Wenn man erst die neue Waschmaschine im Bad stehen hatte, wusste man wieder, wofür man das letzte halbe Jahr all die Überstunden geleistet hatte, aber danach musste natürlich schnell ein neues „Zielobjekt" her. Die Spirale des Konsums drehte sich immer schneller und schneller und im Prinzip beschleunigt sie bis heute. Zur Zeit der nächsten Jahrhundertwende war die absolute Armut in Deutschland endgültig zum Randphänomen, zur Ausnahme, geworden und mittlerweile herrscht in so gut wie jedem deutschen Haushalt Überfluss. Hingegen ist der Gedanke, diesen Reichtums- und Überflussfreuden kritisch entgegenzustehen, relativ neu und letztlich Produkt einer Generation, die wirklichen Mangel niemals erlebt hat. Vor diesem Hintergrund ist es ein logischer Akt der

Verantwortungsübernahme, dass genau diese Generation erstmals aufsteht und vorschlägt, diesem überbordend gewordenen Konsumismus Grenzen zu setzen, und zwar freiwillige, selbstbestimmte Grenzen. Nebenbei bemerkt ist diese Phase des überschwänglichen Konsums eine ganz übliche Folge überwundener Zeiten des Mangels und lässt sich auch in anderen Ländern gut beobachten, in denen diese Entwicklung später eingetreten ist, beispielsweise in denjenigen Teilen Deutschlands, die früher zur DDR gehört haben oder auch in Südkorea, das sich einige Zeit später zur konsumorientierten Überflussgesellschaft entwickelt hat. So ist also zu verstehen, wie Menschen den Verlockungen und den vermeintlichen Annehmlichkeiten des Überflusses verfallen. Nun gilt es noch, nachzuvollziehen, warum es uns trotz dieses Bewusstseins so schwerfällt, mit weniger zu leben oder womöglich gar Dinge wegzugeben.

Diese Neigung ist in fast allen Menschen verankert und besteht eigentlich aus zwei Komponenten: Zunächst der ganz unwillkürliche Impuls, ein Ding lieber zu besitzen, als es nicht zu besitzen, denn es könnte irgendwann einmal nützlich oder notwendig sein und vielleicht fehlen uns dann in gerade diesem Moment Geld und/oder die Möglichkeit, ein solches Ding zu beschaffen, weshalb es uns vernünftig erscheint, es also sicherheitshalber auf Vorrat zu haben. Vor allem scheint es uns bei jeder solchen Einzelentscheidung so, als gäbe es beim Behalten oder Entgegennehmen einer Sache schließlich keinen Nachteil, wenn wir es haben und dann doch nicht brauchen – was solls? Im schlimmsten Fall liegt es einfach herum oder wir werfen es irgendwann weg, nichts davon tut uns weh. Das Ding aber abzulehnen oder herzugeben, birgt Risiken, die uns sofort deutlich vor Augen stehen: Wir könnten genau dieses Ding irgendwann benötigen und würden es dann bitter bereuen, wenn wir es nun verschmähen. Dieser Gedanke löst in vielen Menschen tatsächlich emotionale Reaktionen aus, die – wenn auch in sehr abgemilderter Form – mit Schreck oder gar Panik vergleichbar sind. Sie haben das Gefühl, sie würden jetzt ein kaum verantwortbares Risiko eingehen, wenn sie den Gegenstand also ablehnen oder hergeben. Es vermittelt ein Gefühl von Sicherheit und vernünftiger Vorsorge, sich zum Besitz des Gegenstandes zu entschließen.

Die zweite Komponente ist noch komplizierter und tückischer: Der Besitz von Gegenständen wird ganz unmittelbar mit einer emotionalen Bindungsebene verknüpft, die letztlich überhaupt nichts mit den Dingen an sich zu tun hat, diese aber als Anknüpfungspunkt verwendet. Dies bereitet vor allem Schwierigkeiten, wenn man sich von Dingen trennen möchte. Viele Menschen kennen sentimentale Anflüge, die einen daran hindern, etwas wegzugeben. Dieses Phänomen ist psychologisch recht gut erforscht und es besagt letztlich, dass wir eine emotionale Beziehung zu Dingen aufbauen, die uns gehören. Das gilt in nachvollziehbarer Weise für das kitschige Urlaubssouvenir, denn wir verknüpfen es mit schönen Erinnerungen an unbeschwerte, leichte Sommertage am Meer und wenn wir es wegwerfen, haben wir das Gefühl, wir würden diese Erinnerung bzw. die Möglichkeit, irgendwie wieder auf diese Erfahrung zurückgreifen zu können, mit wegwerfen. Es gilt aber genauso für Dinge, die uns in keiner Weise ans Herz gewachsen sind, wie eine eindrucksvolle Studie von Sara Kiesler an der Carnegie Mellon University in Pittsburgh zeigt: Probanden sahen einen Film, in dem sich geometrische Formen umeinander herum bewegten und manchmal gegeneinander stießen. Der Teil der Studienteilnehmer, die ohne vorherige Anweisungen den Film verfolgten, waren naturgemäß eher gelangweilt von der Handlung. Den anderen wurde jedoch im Voraus mitgeteilt, dass ihnen ein bestimmtes kleines Dreieck gehöre, und diese Teilnehmer reagierten nun weitaus emotionaler auf die Bilder: Sie äußerten eine klare Bezugnahme zu eben diesem Dreieck und fühlten sich beispielsweise von größeren Dreiecken „angegriffen". Wir können also ganz offensichtlich eine ausgeprägte emotionale Beziehung zu prinzipiell jedem noch so wert- und bedeutungslosen Gegenstand aufbauen, wenn er nur in unserem Besitz ist. Dieses Wissen macht nun um einiges verständlicher, warum es uns so schwerfällt, uns von Dingen zu trennen, selbst wenn sie objektiv betrachtet nutzlos und überflüssig sind, denn wir empfinden jeden solchen Vorgang letztlich als eine Art Trennung und Verlust. In stark übersteigerter Form wird diese Schwierigkeit zu einer mittlerweile offiziell anerkannten psychischen Störung, die den Betroffenen zu zwanghaftem Ansammeln von Gegenständen zwingt, letztlich aus dem Empfinden heraus, jedes dieser Dinge wäre irgendwie ein Teil ihrer selbst. Wer nun eine minimalistische Lebensweise anstrebt, ist gut beraten, dieses Wissen im Hinterkopf zu behalten, denn eine der größten und gleichzeitig wichtigsten Herausforderungen dabei wird es sein, sich von allerhand Besitz zu trennen. Wenn man begreift, welche grundlegenden und gleichzeitig unangemessenen Impulse uns die Weggabe von Gegenständen erschweren, kann man sich vor Augen führen, dass uns eigentlich nur fehlgeleitete emotionale Bindungsempfindungen im Weg stehen.

DIE ENTWICKLUNG IHRES PERSÖNLICHEN MINIMALISMUSKONZEPTS

Was der Minimalismus im Allgemeinen ist und will, das wissen Sie nun – jetzt müssen Sie einen Schritt weiter gehen und dieses Konzept in Beziehung zu Ihrer ganz persönlichen, alltäglichen Lebensrealität setzen. Die Beschreibungen eines minimalistischen Backpackers mögen faszinierend und inspirierend sein, doch den Minimalismus, den Sie in Ihrer Studentenwohnung, in Ihrem Bürojob, mit Ihrer Familie oder in Ihrem Leben als umherreisender Geschäftsführer oder Solopianist umsetzen wollen, den müssen Sie selbst entwickeln. Um das in nachhaltig zufriedenstellender und praktikabler Art und Weise zu tun, gibt es einige Hilfestellungen – sowohl praktische Anleitungen als auch Anregungen zu Gedanken, die Sie sich vorab unbedingt machen sollten. Dieser Annäherung an den für Sie ganz persönlich lebbaren Minimalismus sind nun die nächsten Kapitel gewidmet.

VOR- UND NACHTEILE EINER MINIMALISTISCHEN LEBENSFÜHRUNG

Bevor Sie sich nun genauere Gedanken darüber machen, in welcher Form und Intensität der Minimalismus Ihrem Leben eine Richtung geben soll, möchte ich Ihnen zunächst eine möglichst umfassende Abwägung präsentieren, die sowohl die Vorteile eines solchen Lebensstils darlegt als auch die möglichen Nachteile, mit denen Sie sich als angehender Minimalist auseinandersetzen müssen, nicht verschweigt. Es ist offensichtlich, dass minimalistisches Leben keine „Kleinigkeit" nebenbei, kein belangloses Hobby, ist, sondern einen grundlegenden Eingriff in Ihre bisherige Existenz darstellt, weswegen die Entscheidung dazu keinesfalls leichtfertig getroffen werden sollte und kann. Es gibt einige Schwierigkeiten, mit denen Sie sich wahrscheinlich konfrontiert sehen werden und je besser man im Voraus abschätzen kann, was an Unannehmlichkeiten auf einen zukommt, desto geringer ist die Wahrscheinlichkeit, dass eben diese Unannehmlichkeiten zum Abbruch der Bemühungen führen. Zunächst einmal kommt eine überwältigende Zahl an zu treffenden Entscheidungen auf Sie zu. Wenn Sie wissen, dass genau das Ihnen schwerfällt, haben Sie zwar schon mindestens einen guten Grund, sich mit Minimalismus tatsächlich auseinanderzusetzen, denn Ihre Entscheidungsfähigkeit wird dabei unvermeidlich trainiert werden. Sie sollten sich allerdings auch geistig darauf einstellen, dass eine große Zahl solch unangenehmer Situationen auf Sie zukommen wird. Falls Sie damit rechnen, von diesen Entscheidungen überfordert zu werden, können Sie sich einige Hilfestellungen bereitlegen, die ich Ihnen später im Text an die Hand geben werde. Eine weitere Schwierigkeit, die vermutlich rasch auftauchen wird, ist die Tatsache, dass Sie oft Nein sagen müssen – sowohl zu Impulsen, die aus Ihnen selbst kommen, wie beispielsweise dem Wunsch, etwas Bestimmtes zu kaufen, als auch zu Mitmenschen.

Dies spielt insbesondere eine Rolle, wenn die Minimalisierung Ihres Lebens sich nicht nur auf Materielles beschränken, sondern eben auch der Entrümpelung Ihres Soziallebens dienen soll. Sie müssen vielleicht freundlich gemeinte, aber eigentlich belastende Einladungen ausschlagen und möglicherweise auch auf gemeinsame Unternehmungen verzichten, weil diese beispielsweise Ausrüstung erforderlich machen, die Sie nicht mehr besitzen oder finanzielle Mittel, die Sie dafür nicht verwenden wollen. Diese Schwierigkeit ist eng verknüpft mit einer weiteren Herausforderung, der Sie sich als Minimalist fast zwangsläufig werden stellen müssen: Sie denken anders als die Mehrheit der Menschen, die Sie umgeben und Sie fallen auf. Möglicherweise ernten Sie Spott oder Unverständnis, möglicherweise nimmt jemand Sie nicht mehr für voll, möglicherweise versuchen andere Menschen, Sie zu

Dingen zu überreden, gegen die Sie sich jedoch entschieden haben. In solchen Situationen dem inneren Kompass und den eigenen Überzeugungen zu folgen, kann eine große Herausforderung sein und weitere Aspekte nach sich ziehen. Sie müssen sich vielleicht mit der Frage auseinandersetzen, ob der gute Freund, der nun so beharrlich versucht, Sie mit kleinen Sticheleien oder unverhohlener Gereiztheit von Ihrem Weg abzubringen, wirklich ein solch wertvoller Gefährte ist und Sie merken vielleicht, dass Sie – auch ohne dies explizit zum Ziel Ihres Minimalismus gemacht zu haben – ebenfalls in Ihrem Sozialleben einiges neu ordnen müssen. Ganz allgemein werden Sie feststellen, dass sich in Ihrem Sozialgefüge Dinge verändern werden, denn auch wenn es nicht gleich um große Komplexe wie das Auflösen von Freundschaften geht, wirkt sich minimalistisches Leben trotzdem auf Ihre zwischenmenschlichen Beziehungen aus.

Die vielleicht augenfälligste Herausforderung ist für viele Menschen gleichzeitig die größte, und zwar besteht sie einfach ausgedrückt im sinkenden Komfort Ihres Lebens. Wir sind es gewöhnt, für alle möglichen Fälle ein entsprechendes Utensil zur Hand zu haben, aus einem vollen Kleiderschrank zu wählen und aus einem genauso gut gefüllten Kühlschrank. Wenn etwas fehlt oder kaputt geht, beschaffen wir umgehend Ersatz und vor allem sind wir mit einem gewissen Füllungszustand unserer Wohnräume vertraut. Für viele

Menschen ist Gemütlichkeit und Heimeligkeit in den eigenen vier Wänden eng mit einer großen Zahl an Möbeln, Einrichtungsgegenständen und Dekorationselementen verknüpft. Leere Räume empfinden sie oft instinktiv als karg, trist und ungemütlich. Es stellt sich hier und auf diese Weise vielleicht die grundlegendste Frage an angehende Minimalisten: Ist diese Reduziertheit der Gegenstände, die mich umgeben, für mich Unannehmlichkeit oder tatsächlich Befreiung? Sicher ist es zunächst für jeden ungewohnt und eine nicht unerhebliche Umstellung, aber wer die Leere auf Dauer als Leere und nicht als Freiraum empfindet, dem wird der Minimalismus kaum die erhoffte Leichtigkeit bringen.

Allerdings kann man ja – wie bereits mehrfach angemerkt – in vielerlei Hinsicht minimalistische Lebensweisen an den Tag legen und es ist gut möglich, dass jemand in seinem Kleiderschrank, seinem Beziehungsleben und an seinem Arbeitsplatz Minimalismus als erleichterndes Abwerfen von Ballast empfindet, die Einrichtung seiner vier Wände aber davon völlig unberührt lassen möchte. Auf die genaue Ausgestaltung der jeweiligen minimalistischen Lebensweise soll im nächsten Punkt ohnehin genauer eingegangen werden und dabei spielen dann auch eben diese Unterschiede eine bedeutende Rolle. Zunächst gilt es aber, sich nach den „Warnungen“ auch den Vorteilen eines solchen Lebens zuzuwenden. Hier ist es schwierig, eine bloße Aufzählung vorzunehmen, da die einzelnen Aspekte sich gegenseitig bedingen und teilweise eine regelrechte Kreisbeziehung zwischen ihnen besteht. Zunächst einmal lässt sich festhalten, dass minimalistisches Leben eine Menge Geld sparen kann. Sie geben weniger Geld aus, weil Sie weniger Dinge kaufen und zusätzlich müssen Sie weniger finanzielle Mittel aufwenden, um die Dinge, die Sie haben, zu betreiben oder in gutem Zustand zu erhalten. Wenn Sie beispielsweise auf ein Auto verzichten, müssen Sie keinen Sprit mehr bezahlen, die Versicherung fällt weg und ohnehin TÜV- und Reparaturkosten. Beim Auto ist dieser Vorteil besonders augenfällig, aber wenn man sich einmal eingehender damit befasst, beweist sich diese Logik in zahlreichen Fällen.

Für all das Geschirr, das Sie besitzen, benötigen Sie Stauraum, der angeschafft und irgendwann verschleißbedingt ausgetauscht werden muss, Ihre Ledersofagarnitur verlangt nach entsprechender Pflege, Ihre Garderobe muss geflickt und gewaschen werden und bei einem Umzug schießen die Kosten mit den zu transportierenden Gütern in die Höhe – derlei Zusammenhänge bestehen bei den meisten Besitztümern. Zudem verlangt Besitz ganz schlicht nach Raum: Sie müssen Ihre Dinge irgendwo unterbringen. Wenn Sie deren Anzahl gründlich genug reduzieren, stellen Sie vielleicht fest, dass Ihnen sogar eine kleinere Wohnung reicht, was gerade in der angespannten Mietsituation in Städten heutzutage ein unschätzbares

Einsparungspotenzial bietet. Der finanzielle Vorteil liegt also auf der Hand und daraus ergibt sich zwangsläufig der nächste: Sie haben mehr Zeit. Zeit ist in der heutigen westlichen Gesellschaft einer der kostbarsten Faktoren, da er immer knapper wird und sich bis heute keine Möglichkeit hat finden lassen, Zeit zu kaufen. Wenn Sie weniger besitzen – in materieller sowie in immaterieller Hinsicht –, müssen Sie weniger Zeit mit der Pflege Ihrer Besitztümer verbringen. Sie verschwenden weniger Zeit mit Aufräumen, gewinnen zusätzliche Stunden dadurch, dass Sie sich keine Gedanken um neue Anschaffungen und deren Finanzierung machen müssen und noch viel mehr.

Wenn Sie also weniger Geld ausgeben müssen, haben Sie theoretisch die Möglichkeit, weniger zu arbeiten, da auch eine reduzierte Stundenzahl Ihnen genug einbringt, um das, was Sie wirklich brauchen, bezahlen zu können. So erkaufen Sie sich gewissermaßen tatsächlich ein Mehr an Zeit bzw. ein Mehr an Freizeit, die Sie den Dingen widmen können, die Ihnen tatsächlich am Herzen liegen. Nicht selten sind dies zwischenmenschliche Angelegenheiten, die im Leben vieler Menschen deutlich zu kurz kommen, obwohl sie letztlich das Kostbarste sind, was wir haben. Das senkt ganz entscheidend den individuellen Stresspegel und verschafft ein weitaus höheres Maß an Glücksempfinden, Zufriedenheit und Entspanntheit. Letzten Endes kann dies auch ganz wesentlich zur Steigerung Ihrer

Gesundheit beitragen, da es mittlerweile schließlich eine Binsenweisheit ist, welche konkreten schädlichen Folgen Stress für die individuelle Gesundheit haben kann. Ein weiterer Vorteil des minimalistischen Lebens ist die Entspanntheit, die sich nicht nur aus dem Mehr an Zeit ergibt, sondern bereits daraus, dass Sie sich schlicht um weniger Dinge Gedanken oder gar Sorgen machen müssen. Dies ermöglicht Ordnung, Klarheit und Fokussiertheit – sowohl im Gedankenleben als auch ganz unmittelbar in Ihrem materiellen Lebensumfeld.

Ein letzter Vorteil, der unbedingt noch genannt werden sollte, verbindet die beiden großen Felder der persönlichen, individuellen Existenz und des uns umgebenden großen Ganzen miteinander: Minimalistisches Leben schont die Umwelt und die Ressourcen. In einer Zeit, in der Menschen mit sich ringen, ob sie beim Supermarkteinkauf eine Plastiktüte erwerben sollen oder nicht und überlegen, welche ihrer täglichen Wege sie statt mit dem Auto vielleicht mit dem Fahrrad zurücklegen könnten, sind die Auswirkungen und Einsparungen eines Menschen, der sich entschließt, sein Leben tatsächlich minimalistisch zu gestalten, kaum in Relation zu setzen. Eine solche Lebensweise ist gewissermaßen die höchste und wirkmächtigste Entscheidung für jeden, der seine Verantwortung für die Umwelt, für die Gesellschaft und letztlich für die Existenz unseres ganzen Planeten begreift und bewusst annehmen möchte. Es ist überflüssig, an dieser Stelle auszuführen, wie der materielle Verzicht der Umwelt, in der wir leben, zugutekommt, aber jeder, der auch nur für einige Minuten darüber nachdenkt, was die Einschränkung des gewöhnlichen und alltäglichen Konsums an Auswirkungen mit sich bringt, wird überwältigt sein angesichts des Ausmaßes, in dem er seinen persönlichen Abdruck in dieser Welt verringern kann. Die Entscheidung zu einer minimalistischen Lebensführung ist daher mitnichten lediglich eine Entscheidung des persönlichen Wohlbefindens, sondern man kann mit Fug und Recht von der Entscheidung zur Übernahme kollektiver und globaler Verantwortung für die Welt, in der wir leben, sprechen.

WIE SOLL IHR INDIVIDUELLER MINIMALISMUS AUSSEHEN?

Nachdem die Vor- und Nachteile einer minimalistischen Lebensweise dargelegt wurden, ist es nun an der Zeit, sich eingehender damit zu beschäftigen, wie diese sich für den Einzelnen in seiner ganz persönlichen Lebensrealität ausgestalten lässt. Sie müssen also gewissermaßen zunächst anfangen, minimalistisch zu denken. Zu Beginn geht es lediglich darum, sich mit gedanklicher Planung auf die kommenden Herausforderungen einzustellen. Der Minimalismus lässt, wie wir bereits wissen, eine große

Formenvielfalt zu und infolgedessen ist es für jeden angehenden Minimalisten von höchster Bedeutung, sich zunächst darüber Klarheit zu verschaffen, um was es ihm letztlich geht. Diese schließlich höchst kniffelige Frage lässt sich am besten mit systematischer, grundlegender Denkweise beantworten. Wenn Sie diesen Text lesen, so haben Sie vermutlich bereits ein ausdrückliches, tiefergehendes Interesse an der Thematik entwickelt und sind also bereit, sich mit den folgenden Aspekten gründlich auseinanderzusetzen. Fragen Sie sich zunächst aufrichtig und ehrlich, worin Ihre ganz persönliche Motivation, minimalistische Prinzipien in Ihr Leben übernehmen zu wollen, begründet liegt.

Sind Sie vielleicht irgendwo auf diese Idee gestoßen und haben nun die vage Hoffnung, eine solche Lebensweise könnte Unannehmlichkeiten, die Sie beschäftigen, beseitigen? Oder hat Ihnen möglicherweise ein Bekannter davon berichtet und Sie mit seiner Begeisterung angesteckt, obwohl Sie selbst zögerlich und womöglich gar skeptisch sind? Dann sollten Sie sich zunächst bewusst machen, dass diese Art zu leben viel Disziplin und einen starken, ausgeprägten Willen erfordert und – wie bereits dargelegt - auch gewisse Nachteile mit sich bringt. Minimalistisch leben muss man wollen und vor allem am Ende auch genießen können. Wenn Sie bei eingehender Beschäftigung mit dem Gedanken feststellen, dass Ihnen am Versuch eines solchen Lebens tatsächlich etwas liegt und Sie den Antrieb und die Überzeugung verspüren, damit Gutes für sich und Ihre Umwelt bewirken zu können, dann sollten Sie sich genauere Gedanken darüber machen, worauf es Ihnen letztlich ankommt. Geht es Ihnen darum, in Ihre unmittelbare materielle Umgebung mehr Ordnung und Klarheit zu bringen? Stören Sie sich am überbordenden Konsum und an der Menge an Geld und Zeit, die Sie dafür aufwenden? Merken Sie, dass Sie für Dinge, die Ihnen wichtig sind, nicht ausreichend Zeit und gedanklichen Freiraum haben? Verzetteln Sie sich im zwischenmenschlichen Bereich zwischen zahlreichen Bekanntschaften, sind Sie gestresst, wenn Sie an den morgigen Filmabend denken, bei dem Sie zugesagt haben, aber eigentlich gar keine Lust verspüren, hinzugehen?

Nervt Sie Ihr übervoller Kleiderschrank, der doch zum Großteil aus Stoff besteht, den Sie schon lange nicht mehr am Körper hatten, da Sie meistens ohnehin die drei gleichen Pullover tragen? Haben Sie ein schlechtes Gewissen angesichts der drei angebrochenen Joghurtbecher, die Sie gestern wegwerfen mussten, weil sie zu schimmeln begonnen haben? Stellen Sie sich diese Fragen und alle weiteren, die Ihnen dazu einfallen und geben Sie sich offene und ehrliche Antworten darauf. Die Betonung liegt hier auf offen und ehrlich, denn es geht erst einmal nur um Sie und Ihr ganz persönliches Empfinden. Lassen Sie sich bei der

Beantwortung der Fragen nicht von Gefühlsanflügen wie „Eigentlich sollte ich…“ und „Jeder würde von mir erwarten, dass…“ verleiten. Es geht nicht darum, eine beeindruckende Entscheidung zu treffen, durch die Sie sich beweisen können. Sie sollen nicht Minimalist werden, um die Welt zu retten, sondern um Ihr eigenes Leben zum Positiven umzugestalten – und wenn das dann ein bisschen die Welt mit rettet, umso schöner. Wenn Sie also feststellen, dass Ihre Hauptmotivation in Ihrer ganz persönlichen Genervtheit von Unordnung und übervollem Chaos liegt, dann ist das absolut richtig und in Ordnung. Es liegt in der Natur des Menschen und es ist eine gute und wichtige Sache, dass er am unmittelbarsten sein eigenes Wohl- und Missempfinden wahrnimmt. Denn nur, wer mit seinem direkten Umfeld, seinem persönlichen Leben und seinem individuellen Empfinden im Reinen ist, hat überhaupt die Kapazitäten, sich davon ausgehend um den Rest der Welt zu sorgen. Hierfür ist es wichtig, in der persönlich richtigen Art und Weise Prioritäten zu setzen.

Wenn Sie sich also die Fragen gestellt haben, dann bringen Sie Ordnung in Ihre Überlegungen. Welcher der Punkte steht für mich im Vordergrund? In welchen Bereichen meines Lebens möchte ich ausmisten, in welchen bin ich bereits recht zufrieden? Erlauben Sie vor allem hier auch tatsächliche Offenheit. Fragen Sie sich nachdrücklich, ob Sie tatsächlich Ihren

Bedürfnissen folgen oder ob doch irgendein diffus wahrgenommener gesellschaftlicher Zwang mit in Ihre Betrachtungen hineinspielt. Es wird Ihnen nichts bringen, wenn Sie mit tapfer zusammengebissenen Zähnen reihenweise Dinge wegwerfen oder über den Haufen werfen, denen Sie nachher doch langfristig hinterhertrauern, nur weil Sie sich genötigt gefühlt haben, radikal genug an die Sache heranzugehen. Ausgehend von diesen Überlegungen stellen Sie sich anschließend die Frage, in welcher Geschwindigkeit und Radikalität Sie an die Sache herangehen möchten. Sind Sie bereits kurz vor dem Platzen ob all der Unnötigkeiten und Überflüssigkeiten in Ihrem Leben und ersehnen Sie die befreiende Wirkung einer raschen und gründlichen Entledigung? Prima, wenn Sie bereits so genau wissen, was Sie denn eigentlich wirklich wollen und brauchen – wenn Sie sich Ihrer sicher sind –, dann können Sie durchstarten.

Es gibt Menschen, denen fallen Veränderungen am leichtesten, wenn Sie rasch und heftig sind, sie brauchen gewissermaßen diesen Umsturz, was oft auch davon abhängig ist, wie lange sich der Leidensdruck in einer bestimmten Situation bereits aufgebaut hat. Die meisten Menschen fühlen sich allerdings mit dosierter, kontrollierter und wohlüberlegter Veränderung deutlich wohler. Wenn Sie zu dieser Gruppe gehören, ist es wichtig, dass Sie individuell festlegen, mit was Sie beginnen möchten, ob Sie den Minimalismus erst einmal „auf Probe“ leben wollen und wie unwiderrufbar also Ihre Entscheidungen sein sollen. Behalten Sie immer im Kopf, dass die Idee des Minimalismus nicht darin besteht, möglichst nichts mehr zu besitzen und ohne alles zurechtzukommen, sondern darin, nur noch Dinge zu besitzen – auch im übertragenen Sinne –, die einem in irgendeiner Form Freude bereiten.

ERSTE PRAKTISCHE SCHRITTE IN EIN MINIMALISTISCHES LEBEN

Nach Ihren grundsätzlichen Überlegungen sind Sie nun bereit, die ersten Dinge in die Tat umzusetzen – der weitaus interessantere und natürlich auch herausfordernderе Teil. Verlieren Sie dabei nicht Ihre persönlichen Bedürfnisse aus den Augen, über die Sie sich mit den vorigen Überlegungen Klarheit verschafft haben und denken Sie stets daran, zu prüfen, ob das, was Sie tun, tatsächlich damit im Einklang steht. Für den Anfang möchte ich Ihnen zwei sehr effiziente und nützliche Methoden vorstellen, mit denen Sie sofort und deutlich wahrnehmbar minimalistische Prinzipien in Ihrem Leben durchsetzen können, ohne allerdings unwiderrufliche Entscheidungen treffen zu müssen. Diese überlegte Herangehensweise hat übrigens nichts mit mangelnder Überzeugung oder Halbherzigkeit zu tun, sondern ist lediglich Ausdruck von Vernunft und Besonnenheit.

Es wäre für die meisten Menschen nicht weniger als gnadenlose Selbstüberschätzung, wenn Sie annähmen, sie könnten jetzt in dieser Sekunde auf einmal verantwortungsvolle Entscheidungen treffen, die alles, was sie oft über Jahrzehnte an Verhaltensmustern erlernt und eingeübt haben, über den Haufen werfen. Hand aufs Herz: Sie haben vielleicht zwanzig Jahre mit einer übervoll ausgestatteten Küche gelebt und gekocht. Dann müssen Sie erst einmal herausfinden, auf was Sie tatsächlich gut und gerne verzichten können. In noch dringenderer Weise gilt das natürlich für den immateriellen Bereich. Es wäre mehr als fahrlässig, zum Telefonhörer zu greifen und einfach einmal ein paar Freundschaften aufzukündigen, nur weil Ihr erster Impuls ist, dass diese Beziehungen Ihnen keinen Mehrwert (mehr) bieten. Ein wichtiges Kernelement des Minimalismus ist das Übernehmen von Verantwortung – in vielerlei Hinsicht –, und das kann nur mit Bedacht und Geduld geschehen. Widerstehen Sie also der Versuchung, aus der Motivation der anfänglichen Euphorie heraus zu schnell zu viel auf einmal durchsetzen zu wollen. Wenn Sie sich an dieser Stelle überfordern, haben Sie nichts davon – außer eine deutlich erhöhte Wahrscheinlichkeit, das Experiment bald und frustriert wieder abzubrechen. Um das zu vermeiden, starten wir mit einfachen, überschaubaren und zunächst noch ganz ausführlich beschriebenen Maßnahmen, mit denen Sie das, was Sie nun vielleicht bereits voller Überzeugung wollen, auch erlernen können.

10X10-CHALLENGE UND KISTENMETHODE: FASTENKUR FÜR DEN KLEIDERSCHRANK

Ein optimaler Start ist für viele angehende Minimalisten der Kleiderschrank – erstens, weil es hier kaum um lebenswichtige Dinge geht und zweitens, da der übervolle Kleiderschrank mittlerweile ein wirklich lebendes Klischee geworden ist, das gleichzeitig überzeichnetes Symbol überbordenden Konsumverhaltens und allgegenwärtige Realität ist. Es gibt hier zwei Methoden, die einen wunderbaren Einstieg bieten, weil sie eindrücklich und deutlich vor Augen führen, in welcher Konsumrealität man eigentlich lebt. Da ist zunächst einmal die sogenannte 10x10-Challenge. Sie ist denkbar einfach, erfordert keine großen Mühen, keinen Platz und keine zusätzliche Arbeit. Es geht darum, zehn Tage lang nur Outfits aus zehn vorab ausgewählten Kleidungsstücken zusammenzustellen und zu tragen.

Wer jetzt im Kopf schon verzweifelt zählt, ob zehn Kleidungsstücke überhaupt für ein einziges Outfit ausreichen oder ob man womöglich die Unterhose streichen muss, der kann beruhigt sein: Unterwäsche und Socken werden nicht mitgezählt, ebenso wenig Taschen und Accessoires. Es geht um Hosen, Röcke, Oberteile, Kleider, Jacken und Schuhe. Aus diesen Kategorien wählen Sie also insgesamt zehn Teile aus, mit denen Sie dann in den nächsten zehn Tagen zurechtkommen sollen. Klingt simpel, ist es letztlich auch, erfordert aber, wie Sie rasch bemerken werden, vorausschauende und vernünftige Überlegungen. Bei der Auswahl meistern Sie gleich mehrere Herausforderungen: Erstens finden Sie zwangsläufig heraus, welche Teile Sie besonders gerne tragen, denn wahrscheinlich fällt Ihnen sofort eine Lieblingsjeans oder ein bestimmter Pullover ein, der auf jeden Fall dabei sein muss. Wenn Sie dann mit dem Fokus der Beschränkung auf wenige verbleibende Kleidungsstücke durch Ihren Schrank wühlen, fallen Ihnen höchstwahrscheinlich nicht wenige Teile auf, die Sie seit Langem nicht mehr getragen haben und wahrscheinlich in absehbarer Zeit auch nicht tragen werden. Sie schärfen also schon ganz nebenbei den Blick für Überflüssiges.

Bei der Auswahl der zehn Kleidungsstücke müssen Sie natürlich auf einige Dinge achten: Was steht in den nächsten Tagen an, haben Sie möglicherweise Termine, die einen gewissen Dresscode erfordern? Wie ist das Wetter? Fällt es Ihnen leichter, Abstriche bei der Ästhetik, bei der Wärme oder bei der Bequemlichkeit zu machen? Wenn Sie diese Fragen beantworten, erfahren Sie nebenbei gleich eine Menge über sich selbst und fangen an, ein Verständnis dafür zu entwickeln, wo Ihre persönlichen Prioritäten liegen – eine Grundvoraussetzung für minimalistisches Leben.

Zudem werden Sie rasch darauf achten, Kleidungsstücke auszuwählen, die sich gut miteinander kombinieren lassen, um nicht jeden Tag exakt dasselbe Outfit tragen zu müssen. Vielleicht bemerken Sie, dass Sie eigentlich recht klare Vorlieben haben, beispielsweise gerne im klassischen Schwarz gekleidet sind, und dass der Stapel flippiger, bunter Shirts eigentlich längst nichts anderes mehr ist als ein Relikt einer vergangenen Phase. So schulen Sie mit dieser einfachen und vor allem überschaubaren Challenge bereits Ihre Wahrnehmung von der Bedeutung und Bedeutungslosigkeit bestimmter Gegenstände in Ihrem Leben. Das tatsächliche Leben mit diesen zehn Kleidungsstücken wird Ihnen dann eine erste Lektion in Sachen Disziplin erteilen, denn Sie müssen der Versuchung widerstehen, dann doch einmal schnell zum Kleiderschrank zu laufen und eine andere Bluse zu suchen, weil Sie denken, diese würde Ihr aktuelles Outfit noch besser zur Geltung bringen. Wenn Sie sich darüber ärgern, nun also nicht optimal gekleidet zu sein, versuchen Sie, dies mit einem Schulterzucken abzutun – es ist nicht wichtig, jeden Tag alles perfekt in Szene zu setzen. Genießen Sie stattdessen lieber das befreiende Gefühl, nicht mehr jeden Tag komplexe Entscheidungen aus einem riesigen Klamottenberg zu treffen und den Druck los zu sein, sich optimal und ausgefeilt zu präsentieren.

Eine zweite Methode, die einen guten Einstieg in ein minimalistisches Leben bietet, ist, aus Kisten zu leben. Sie können das, wenn Sie möchten, mit Ihrem gesamten Besitz tun, wenn Sie jedoch nicht gleich diesen sehr umfassenden Aufwand betreiben möchten, halten Sie sich auch hier zunächst an Ihren Kleidervorrat. Im Prinzip lässt sich diese Methode auch in einem anderen „Bereich" anwenden. Wenn Sie beispielsweise viel und gerne kochen und Ihre Küche aus allen Nähten platzt vor Geschirr, Töpfen und allen möglichen Utensilien, können Sie daraus ebenso gut eine Küchenkisten-Challenge machen. Wählen Sie einen Bereich, der für Sie relevant ist, weil Sie wissen, dass dort einiges an Überflüssigem lagert. Bleiben wir für die weitere Erklärung einmal beim Kleiderschrankbeispiel. Besorgen Sie sich so viele Kisten (am besten eignen sich Umzugskartons – sie bieten viel Stauraum, sind übersichtlich, leicht zugänglich und gut stapelbar) wie nötig, um Ihren gesamten Kleidungsvorrat darin zu verstauen. Dann verfrachten Sie alles in diese Kisten – Pullis, Jacken, T-Shirts, Schals, Schuhe, Socken, Unterwäsche etc., also wirklich alles, was Sie an Kleidung besitzen. Legen Sie einen bestimmten Zeitrahmen fest, über den sich das Experiment erstrecken soll, eine Woche vielleicht oder einen Monat, je nachdem, wie gründlich Sie dabei sein wollen und wie Ihre Lebensgewohnheiten sind. Leben Sie in dieser Zeit aus den Kartons. Das klingt ein wenig ungemütlich und unpraktisch – ist es auch –, aber es wird Ihnen in verblüffender Eindringlichkeit vor Augen führen, wie wenig Sie eigentlich tatsächlich benötigen.

Nehmen Sie nur die Dinge aus den Kisten, die Sie auch tatsächlich verwenden. Diese haben dann gewissermaßen den Test bestanden und dürfen wieder zurück in den Kleiderschrank. Vielleicht bemerken Sie nach ein paar Tagen, dass Sie die Kisten mittlerweile kaum mehr anrühren, weil Sie ohnehin immer wieder auf die gleichen fünf Teile zurückgreifen, die gleich zu Anfang in Ihren Schrank gewandert sind. Für die Dinge, die sich nach Ablauf der Frist immer noch unangetastet in den Kartons befinden, gibt es eine hohe Wahrscheinlichkeit, dass sie völlig überflüssig sind. Natürlich gibt es – gerade, wenn Sie diese Kistenmethode mit Kleidung ausprobieren – einige Dinge, die zusätzlich bedacht werden müssen. Wer das Experiment im Februar durchführt, wird vermutlich kein einziges Sommerkleid aus den Kisten ziehen, obwohl diese im Juni dringend benötigt werden. Auch gibt es Kleidungsstücke, die man vielleicht nur wenige Male pro Jahr trägt, die dann aber unverzichtbar sind. Wer Klavierkonzerte spielt, benötigt womöglich einen Frack, auch wenn er diesen zwischendurch monatelang nicht trägt.

Besonders effizient, klar und nützlich ist diese Challenge, wenn man sie mit all den kleinen und großen Gegenständen, die sich abseits von Kleidung im Haushalt angesammelt haben, durchführt. Hier bekommt man deutliche Resultate bezüglich der Notwendigkeit von Dingen, weil man nach einer Woche in der Regel feststellt, dass man den wirklich größten Teil des Kleinkrams kein einziges Mal verwendet hat und sich bei ehrlicher Betrachtung auch keine Situation vorstellen kann, in der diese Gegenstände nötig wären. Natürlich ist es ein weitaus größerer Aufwand, den gesamten Hausrat in Kisten zu verpacken, aber wem es ernst ist mit dem Minimalismus, der wird früher oder später ohnehin dazu übergehen, umfassend auszusortieren in seinem Besitz. Der Vorteil bei dieser Sortiermethode und der Grund, warum sie sich für den Einstieg besonders gut eignet, liegt auf der Hand: Prinzipiell ist jede Entscheidung zunächst folgenlos, weil Sie nichts entsorgen. Sie können nach Ablauf Ihrer persönlichen Frist theoretisch alles wieder zurückräumen. In jedem Fall schärfen Sie auf diese Weise Ihren Blick für den Überfluss und für die Sortierbarkeit, die in Ihrem Besitz vorherrschen.

„EAT-UP-CHALLENGE" – LEERER KÜHLSCHRANK, VOLLER MAGEN

Für die nächste Herausforderung, der Sie sich stellen können, hat eigentlich kaum jemand eine gute Ausrede: Wenn Sie in Ihren Kühlschrank und in Ihre Küchenschränke schauen, stellen Sie mit ziemlicher Sicherheit fest, dass dort weitaus mehr Lebensmittel lagern, als Sie unmittelbar benötigen. Natürlich ist eine gewisse Vorratswirtschaft durchaus sinnvoll und kann gerade Ressourcen und Geld sparen. Viele Dinge lassen sich auch problemlos einige Zeit lang aufheben, aber in fast jedem Kühlschrank befinden sich mehr Lebensmittel – Joghurts, angebrochene Dosen, Käsepackungen, Obst und vieles mehr –, als verzehrt werden können, bevor sie schlecht werden. Deutschlandweit wird pro Jahr die unvorstellbare Menge von 13 Millionen Tonnen Lebensmittel weggeworfen, auf das Konto eines jeden Bürgers gehen dabei durchschnittlich 85 kg. Viele Menschen werfen also pro Jahr mehr Essen weg, als ihrem gesamten eigenen Körpergewicht entspricht und kaum jemand muss sich in dieser Hinsicht nicht an die eigene Nase fassen. Sicher erinnern Sie sich noch gut an die letzte Packung Frischkäse, die Sie irgendwann verschämt und angeekelt mit spitzen Fingern in der Tonne entsorgt haben, als Sie sie nach einigen Wochen mit bläulichem Flaum überzogen in der hintersten Ecke des Kühlschranks entdeckt haben. Oder das Kilo Tomaten, das Sie im Sonderangebot gekauft haben und von dem Sie nicht einmal die Hälfte haben aufbrauchen können, bevor die ersten Früchte bereits matschig und faulig wurden. Bei jedem Umzug oder Großputz landen Unmengen an – oft exotischen – Lebensmitteln im Müll, weil wir einsehen, dass wir sie nicht aufbrauchen werden, und immer öfter schleicht sich zumindest ein kleines schlechtes Gewissen ein, da uns durchaus klar ist, welche Verschwendung wir damit eigentlich betreiben, wie viel überflüssige Ressourcen wir damit verbraucht haben, wie viel CO2 Herstellung und Transport produziert haben und wie viel Arbeitskraft für die Erzeugung nötig war.

Hier kommt die Challenge, die genau dieses Problem in Angriff nimmt: die“ Eat-Up-Challenge“. Der Name ist Programm und das Programm ist so simpel, wie es sich anhört: Essen Sie erst einmal alles auf. Klingt logisch und vernünftig, wird aber im Alltag kaum praktiziert und genau deswegen sollen Sie nun den Vorsatz fassen, keine Lebensmittel mehr zu kaufen, bis alles, was Sie vorrätig haben, aufgebraucht ist. Ausnahme: frisches Obst und Gemüse. Diese Ausnahme ist absolut empfehlenswert, da genau solche Lebensmittel aus ernährungsphysiologischen Gründen unbedingt auf dem täglichen Speiseplan stehen sollten und sich eben gerade nicht wochenlang lagern lassen.

Bevor Sie frisches Obst und Gemüse kaufen, müssen Sie allerdings zuerst eventuelle Vorräte aus dem Eisfach verwenden. Bei allem anderen, was Sie essen, brauchen Sie zunächst einmal auf, was Sie haben, bevor Sie neue Lebensmittel kaufen. Dies gilt natürlich nicht mit sklavischer Strenge – wenn irgendwann nur noch Salz und Chiasamen im Küchenschrank liegen, können Sie die Challenge durchaus als erledigt betrachten, denn daraus werden Sie nun wirklich kein Abendessen mehr zaubern können. Hungern sollten und werden Sie währenddessen nicht, denn dem ganzen Experiment liegt ja die Annahme zugrunde, dass Sie mehr als nötig vorrätig haben, allerdings werden Sie Ihre Essgewohnheiten wahrscheinlich ganz grundlegend auf den Kopf stellen. Vermutlich merken Sie früher oder später, dass beispielsweise die morgendliche Frühstücksroutine nicht mehr unverändert aufrechterhalten werden kann – nun denn, essen Sie eben einmal etwas anderes. Nudeln und Reis sind aufgebraucht? Dann werden Sie kreativ und finden Sie heraus, was Sie mit Mehl, Wasser und Salz Sättigendes herstellen können. Pürieren Sie Bohnen oder Linsen, kombinieren Sie Dinge, die Sie noch nie kombiniert haben, finden Sie endlich Verwendung für die ausgefallenen Lebensmittel, die Sie irgendwann einmal – womöglich sogar für viel Geld – erworben haben. Werden Sie kreativ und beschäftigen Sie sich ausführlich mit den Nahrungsmitteln, die Sie schließlich jeden Tag am Leben erhalten.

Durchstöbern Sie Rezeptseiten im Internet und lesen Sie Erfahrungsberichte von anderen Menschen, die sich dieser Herausforderung bereits gestellt haben, tauschen Sie sich mit Gleichgesinnten aus. Besonders empfehlenswert sind hier übrigens Rezeptseiten, die Rezeptsuche nach Zutaten anbieten. Sie geben also an, was Sie an Zutaten zur Verfügung haben und verwenden möchten und die Suchmaschine spuckt Ergebnisse aus, was Sie damit anstellen können. Diesen Service bieten beispielsweise die Seiten restegourmet.de und chefkoch.de an. Sicherlich werden Ihnen zunehmend Zutaten fehlen, die in den gefundenen Rezepten auftauchen, aber viele davon können Sie weglassen oder durch etwas ersetzen, was Sie gerade zur Hand haben. Vermutlich wird Ihre Ernährung in diesem Zeitraum einiges mehr an Zeit beanspruchen, aber das ist gerade gut so. Es hilft Ihnen, ein Bewusstsein dafür zu entwickeln, was Sie eigentlich tatsächlich zu sich nehmen, aus welchen Rohmaterialien Sie schöpfen können, was es für Möglichkeiten gibt, Dinge selbst herzustellen und wie wenig Sie eigentlich tatsächlich benötigen. Sie schärfen die Wahrnehmung Ihrer Vorlieben: Wenn Sie etwa ab dem zweiten Tag keine Pasta mehr hatten und nach zwei Wochen immer noch sehnsüchtig danach verlangen, dann lieben Sie Pasta wohl wirklich. Allerdings stellen Sie vielleicht auch fest, dass bestimmte Nahrungsmittel, auf die Sie bislang nicht glaubten, verzichten zu können, gar nicht so unverzichtbar sind – und oft sind das gerade die

Lebensmittel, die auch nicht unbedingt sonderlich gesund sind. So kommen wir zu einem der größten Vorteile, die dieser bewusste Umgang mit Essen mit sich bringt:

Wenn Sie nicht ohnehin bereits äußerst diszipliniert eine bestimmte Diät verfolgen, werden Sie sich höchstwahrscheinlich gesünder ernähren als je zuvor – allein dadurch, dass Sie kaum mehr die Möglichkeit haben, auf hochverarbeitete Lebensmittel zurückzugreifen, sondern sehr bald gezwungen sind, aus den einfachen Grundzutaten, die meistens schon lange in den hinteren Ecken der Küchenschränke verstauben, selbst Essen herzustellen: Linsen, Bohnen, Reis, Couscous, Mehl, Leinsamen, Kichererbsen etc. Von dieser Challenge profitieren Sie also in vielerlei Hinsicht: Sie werden sich Ihrer Ernährung bewusster, decken vielleicht ungesunde Muster auf, Sie finden heraus, welche Lebensmittel Sie wirklich benötigen und welche nicht, Ihnen fällt vielleicht erstmalig auf, wie viel Sie üblicherweise unbedacht und nebenher snacken, vielleicht entdecken Sie ein neues Lieblingsessen, dessen Zubereitung Ihnen zuvor nie in den Sinn gekommen wäre, Sie essen gesünder und nicht zuletzt führen Sie sich vor Augen, wie erschreckend viel Überflüssiges und letztlich platz- und geldraubendes an Lebensmitteln Sie angehäuft haben – die besten Voraussetzungen, es in Ihrem künftigen Leben als Minimalist besser zu machen. Ein weiterer positiver Nebeneffekt für viele Menschen: Sie lernen ganz automatisch, weniger zu essen. Im westlichen Kulturraum des 21. Jahrhunderts ist es für den weitaus größeren Teil der Bevölkerung ein Problem, dass sie zu viel essen, nicht zu wenig. Aktuellen Studien und Schätzungen zufolge sind in Deutschland mittlerweile ca. 50 % der Frauen und 65 % der Männer übergewichtig, für eine Beschränkung bei der Nahrungsaufnahme besteht also guter Grund.

Wenn Sie nun mit dieser Form der Ernährung das Essen tatsächlich wieder zum notwendigen Dienst zur Erhaltung Ihres Körpers machen, statt es wie zuvor als Quelle des Genusses und der Befriedigung zu sehen, werden Sie ganz automatisch wieder lernen, das ebenso natürliche wie wichtige Sättigungsgefühl wahrzunehmen. Wer sich von improvisierten Linsenbrei-Mehl-Fladen ernährt, isst vermutlich genau so viel davon, wie sein Körper braucht, und nicht aus bloßem Appetit noch eine weitere Portion. Zugegeben, all das klingt nicht besonders verlockend und nach wenig Vergnügen, aber an dieser Stelle soll noch einmal ganz deutlich gemacht werden, dass es hierbei keinesfalls um Ihr zukünftiges Leben als Minimalist geht! Ganz im Gegenteil darf und soll Essen eine wichtige und positive, genussvolle Rolle in Ihrem Leben spielen. Diese Challenge ist lediglich eine erste Hinführung an die minimalistische Denkweise, die Sie Schritt für Schritt in Ihr gesamtes Leben zu übernehmen lernen müssen, wenn Sie auf diese Weise langfristig zufrieden und erfüllt leben möchten. Sie können sich hierbei in einem scharf umgrenzten Rahmen in der nötigen Denkweise üben und nebenher grundlegende Aspekte über Ihre eigenen Ernährungsvorlieben erforschen, die Ihnen später genussvolles Speisen im Einklang mit Ihren minimalistischen Prinzipien erlauben.

TATSÄCHLICH MINIMALISTISCH: WIE SIE DEN MINIMALISMUS IHR LEBEN DEFINIEREN LASSEN

Nun haben Sie sich also mit den zwei Challenges schon einmal am Leben nach minimalistischen Prinzipien versucht. Sicherlich haben Sie dabei zahlreiche grundlegende Erfahrungen gemacht, die Sie davor vielleicht gar nicht auf dem Schirm hatten und Sie haben – möglicherweise zum ersten Mal – erlebt, wie es sich anfühlt und was es mit Ihrem ganz individuellen Empfinden macht, wenn Sie sich bewusst und vorsätzlich beschränken. Seien Sie nicht entmutigt oder verunsichert, wenn Ihnen manches daran schwergefallen ist oder vielleicht zunächst nicht angenehm war: Diese Experimente waren schließlich keine Prüfung oder Bewährungsprobe, die Sie meistern mussten, um sich zu beweisen, dass Sie für den Minimalismus geeignet sind, sondern ganz im Gegenteil eine Probierphase, um herauszufinden, ob der Minimalismus für Sie geeignet ist und wenn ja, in welchem Ausmaß Sie minimalistisch leben möchten und in welche Richtung Ihr Minimalismus gehen soll. Fragen Sie sich ehrlich und ohne bestimmten Vorsatz, ob sich das prinzipielle Konzept, mit reduzierten Mitteln zu leben, für Sie gut und erleichternd angefühlt hat. Wenn Sie diese Frage mit „Ja“ beantworten – auch, wenn Sie einzelne Aspekte als herausfordernd wahrgenommen haben –, dann können Sie jetzt richtig durchstarten.

Natürlich gilt trotzdem noch, dass Sie nichts überstürzen sollten, schließlich ist es nicht Sinn der Sache, Hals über Kopf Dinge wegzuwerfen, die Sie nach ein paar Wochen reuig und für viel Geld wiederkaufen müssen – das Gleiche gilt für Gewohnheiten, Beziehungen, Einrichtung etc. In den nächsten Kapiteln möchte ich Ihnen daher praktische und vorausschauende Anleitungen, Anregungen und Tipps geben, wie Sie Schritt für Schritt Ihr ganzes Leben minimalistisch einrichten. Zunächst soll es um einzelne Bereiche des Lebens gehen und um die Fragen, was Minimalismus für den jeweiligen Bereich bedeutet, wie er umzusetzen ist und welche Schwierigkeiten dort möglicherweise lauern. Der anschließende Teil widmet sich dann ganz grundlegend der für jeden Bereich relevanten Herausforderung des Sortierens, Aufräumens, Auswählens und Entsorgens und gibt Hilfestellungen, wie man künftig im Einklang mit minimalistischen Prinzipien konsumieren kann. Hier gehe ich dann genau auf verschiedene Methoden ein, mit denen Sie all die notwendigen Entrümpelungen auch tatsächlich umsetzen können, beispielsweise Ausmisten nach der Methode von Marie Kondo, die Kistenmethode, die „Eat-the-Frog-first“-Methode und noch einige weitere. Denn eines sollte bei aller Reduzierungs- und Verzichtfreude nicht vergessen werden: Sie werden auch zukünftig einkaufen, verwenden, einrichten, austauschen und besitzen müssen, die Frage ist nur, wie Sie dies gestalten möchten.

BEREICHE MINIMALISTISCHEN LEBENS

Wenn Sie an die Einrichtung Ihres minimalistischen Daseins denken, kommt Ihnen sicher schnell in den Sinn, dass es letztlich mehrere große Bereiche in Ihrem Leben gibt, die unterschiedliche Herangehensweisen und Prinzipien benötigen. So ist es etwas völlig anderes, ob man seine Wohnungseinrichtung minimalistisch gestaltet oder das Büro, den Kleiderschrank oder sogar das Beziehungsleben. Deswegen gehen Sie am besten Schritt für Schritt durch diese unterschiedlichen Lebensfelder und finden heraus, worauf es in welchem Feld für Sie persönlich wirklich ankommt. Wichtig: Es geht hier zunächst um das große Ganze. Stellen Sie Schritt für Schritt ganz grundsätzliche Überlegungen an und treffen Sie grundlegende Entscheidungen. Es geht jetzt noch *nicht* darum, abschließend jedes Objekt auszusortieren und auszumisten, sondern darum, sich sinnvolle Gesamtkonzepte zu entwickeln, denen man anschließend folgen kann. Deswegen widmet sich auch erst der nächste große Teil des Textes den genauen Ausmistmethoden, die Ihnen dann dabei helfen, wirklich für jeden einzelnen Gegenstand die Entscheidung zu treffen, ob Sie ihn behalten möchten oder nicht.

MINIMALISTISCH WOHNEN

Beginnen wir mit dem vielleicht grundlegendsten und auch umfassendsten Bereich: Ihren eigenen vier Wänden. Während sich Arbeitsgewohnheiten und damit auch -orte zunehmend flexibel verändern und manch einer sein Büro mittlerweile quasi in der Tasche mit sich herumträgt und beliebig im nächsten Straßencafé oder im ICE aufbaut, gilt nach wie vor für so gut wie jeden Menschen, dass er über irgendwelche Räumlichkeiten verfügt, die er sein Zuhause nennt. Die Unterschiede sind natürlich enorm – manch angehender Minimalist muss ein ganzes Haus von Grund auf neu ordnen, beim Nächsten ist es eine kleine Wohnung und der Dritte schlägt sich mit nicht mehr als einem WG-Zimmer herum. Und natürlich spielt es eine große Rolle, ob Ihre persönlichen Umstrukturierungspläne tatsächlich nur Sie selbst betreffen oder möglicherweise auch Mitbewohner, Partner etc. Während in dieser Hinsicht Unterschiede gemacht werden müssen, gibt es allerdings bestimmte Prinzipien, die in jeder individuellen Wohnsituation relevant sind und beachtet werden müssen. Auch hier hilft es wieder, sich an einigen grundsätzlichen Fragen entlang zu hangeln und sich so den eigenen Bedürfnissen anzunähern. Unternehmen Sie zunächst einmal einen aufmerksamen und gründlichen Spaziergang durch Ihre Wohnung (oder Ihr Haus, Ihr Zimmer, Ihre Villa etc.; aus Gründen der Vereinfachung beim Schreiben und Lesen wähle ich für dieses Kapitel den Ausdruck „Wohnung“, wobei Sie diesen einfach durch den für Ihre Situation passenden Begriff ersetzen können).

Was fällt Ihnen als Erstes störend auf? Es geht schließlich um Minimierung, in welcher Hinsicht werden Sie durch Überfluss gestört? Sind es zu viele Möbelstücke, die beengen und die Wohnung unnötig vollgestopft erscheinen lassen? Stört Sie vornehmlich all der Kleinkram, der sich über die Jahre angesammelt hat und ein ordentliches, klares Erscheinungsbild mittlerweile unmöglich macht? Ist es die überbordende Vielfalt an Farben oder das zusammengewürfelt erscheinende Potpourri aus Stilen? Sind es üppige Ornamente und überwältigend wirkende Detailfülle? Gibt es Gegenstände, die Sie nur angeschafft oder angebracht haben, weil Ihr Besitz eben üblich ist, Ihren persönlichen Bedürfnissen jedoch gar nicht entspricht, wie beispielsweise Ziergardinen oder Dekorationselemente? Hängen Bilder an der Wand, die Sie geschenkt bekommen haben, aber selbst niemals auswählen würden? Diese ersten Eindrücke sind grundlegend und wichtig und Sie sollten sie während des ganzen Minimierungsprozesses im Auge behalten, damit Ihre Bemühungen eine klare Richtung behalten und Sie nicht einfach planlos Dinge entsorgen und verändern. Die Entrümpelung selbst verlangt vor allem im Hinblick auf die Wohnung umfassende Überlegungen und sollte sozusagen in mehrere Ebenen aufgeteilt werden. Andere Bereiche – wie zum Beispiel Ihr Kleidervorrat – sind recht überschaubar, aber die gesamte Behausung eines Menschen ist so komplex, dass für die Sortierung selbst eine gewisse Struktur vonnöten ist. Es empfiehlt sich, gewissermaßen von „groß“ nach „klein“ zu arbeiten und hierbei in einzelnen, klar umrissenen Schritten vorzugehen.

Bringen Sie also zunächst Ordnung in die größte Struktur. Wenn Sie es ganz genau nehmen bzw. richtig radikal vorgehen möchten, müssten Sie zunächst den Wohnraum an sich einer genauen Prüfung unterziehen. Hier muss man natürlich klar sagen, dass es für viele Menschen, die sich einer minimalistischen Lebensweise zuwenden möchten, nicht in Frage kommt, deswegen als Erstes umzuziehen. Spielen Sie dennoch den Gedanken zu Beginn einmal durch, um sich geistig darauf einzustellen, in welchem Umfang Sie tatsächlich in Überfluss leben. Entspricht die Größe Ihrer Behausung tatsächlich Ihren Bedürfnissen oder müssten

Sie eigentlich auch hier bereits minimieren? Nicht wenige Menschen leben in einem Haus und nutzen bei Weitem nicht alle Räume – auch bei großen Wohnungen ist dies häufig der Fall. Meistens lebt man vor allem in einem bestimmten Kernbereich, oft sind das Küche, Wohnzimmer, Badezimmer und Schlafzimmer, etwaige weitere Zimmer stehen – wenn es nicht weitere Bewohner gibt – den Großteil der Zeit leer bzw. werden gerade deswegen gerne mit allerhand überflüssigem Plunder vollgestellt.

Das Gästezimmer mag praktisch sein, aber wie oft bleiben tatsächlich Besucher über Nacht und könnten diese nicht ebenso gut auf dem Schlafsofa im Wohnzimmer übernachten, wo es vielleicht ohnehin gemütlicher ist? Sie haben ein eigenes Arbeitszimmer, aber vielleicht klappen Sie Ihren Laptop trotzdem meistens in der Küche auf, weil Sie es dort angenehmer und praktischer finden? Zwei Badezimmer wirkten beim Einzug verlockend, keine morgendlichen Streitereien mehr, wer zuerst duschen darf, aber wie oft benötigen Sie wirklich zwei solcher Räume gleichzeitig? Bei manchen Menschen bleibt sogar das Wohnzimmer weitgehend ungenutzt, weil die Küche geräumig und viel kuscheliger ist, vielleicht könnte man sogar eine Couch hineinstellen und das Wohnzimmer wäre endgültig überflüssig. Besondere Fallstricke sind all die Räume, die eigentlich nicht einmal eine wirkliche Bezeichnung haben und wenn sie eine haben, dann zum Beispiel

„Abstellkammer", die bereits darauf hinweist, dass man dort nichts anderes tut, als Dinge hinzustellen. Wenn Sie mit ehrlicher Analyse zu dem Schluss kommen, dass Sie tatsächlich einen erheblichen Teil Ihres Wohnraumes nicht benötigen, gibt es aus minimalistischer Sicht einige wirklich gewichtige Gründe, sich zu überlegen, ob Sie die realistische Möglichkeit haben, Ihre Wohnsituation anzupassen. Erstens: Kleinere Wohnflächen kosten weniger Geld. Das gilt natürlich vor allem, wenn Sie zur Miete wohnen und letztlich pro Quadratmeter bezahlen, aber auch, wenn der Wohnraum Ihr Eigentum ist. Sie müssen heizen, putzen, Wände streichen, Böden pflegen etc.

Und wie bereits erwähnt, setzt der Faktor „weniger Geld ausgeben" eine ganze minimalistische Kettenreaktion in Gang: Wenn Sie weniger ausgeben, müssen Sie weniger verdienen und können demzufolge weniger arbeiten bzw. Sie können das so eingesparte Geld für etwas ausgeben, dass Ihnen in minimalistischer Hinsicht sinnvoller erscheint, beispielsweise verpackungsfreie Lebensmittel einkaufen, ein umweltschonenderes Auto anschaffen oder hochwertige und dafür langlebige Kleidungsstücke kaufen. Gerade bei den Mietkosten sind die finanziellen Mittel, die Sie mit einer kleineren Wohnung einsparen können, wirklich erheblich, schließlich geht es schnell einmal um mehrere hundert Euro. An dieser Stelle könnten Sie auch darüber nachdenken, ob die Lage Ihrer derzeitigen Wohnung in gewisser Weise auch „Überfluss“ ist: Haben Sie den Wohnort vielleicht irgendwann einmal gewählt, weil er so schön nahe an Bars, Cafés und Restaurants liegt, die Sie im Zuge Ihres neuen minimalistischen Lebens aber gar nicht mehr so oft besuchen wollen? Dann können Sie in eine ruhigere, weniger gefragte und deswegen günstigere Gegend ziehen. Zweitens: Kleinere Wohnflächen bedeuten weniger Zeitaufwand beim Putzen und Aufräumen, ein Punkt, der so offensichtlich ist, dass nicht weiter darauf eingegangen werden muss. Drittens spielt noch ein weiterer Punkt mit hinein, der bereits kurz erwähnt wurde: Viel Wohnraum bedeutet viel potenzieller Stauraum und ist eine fast unwiderstehliche Verlockung, Dinge anzuhäufen, die eigentlich völlig überflüssig sind, ganz einfach, weil die Notwendigkeit fehlt, sie auszusortieren, und genau das widerspricht schließlich der Zielsetzung des Minimalismus und macht Ihnen die Sache unnötig schwer.

Diese ganz grundlegenden Überlegungen zum Minimalismus in Ihrem Wohnraum sind, wie schon gesagt, eher Gedankenspiele, denn natürlich ist es für die meisten Menschen keine wirkliche Option, eben einmal schnell umzuziehen. Die folgenden Maßnahmen aber sind nun für jeden relevant und umsetzbar. Wenn Sie dabei bleiben sich von großen Einheiten zu kleineren vorzuarbeiten, beschäftigen Sie sich zunächst einmal mit Ihren Möbeln. Gehen Sie Raum für Raum vor und stellen Sie sich stets die gleichen Fragen: Werden alle in diesem Raum befindlichen Möbelstücke tatsächlich benötigt? Stehen Kommoden herum, die nur halb gefüllt sind oder Schränke, in denen hauptsächlich Dinge lagern, die Sie beim kleinteiligen Ausmisten voraussichtlich ohnehin aussortieren werden? Können die verbleibenden Dinge aus beispielsweise drei verschiedenen Kommoden vielleicht in einer einzigen untergerbacht werden? Sitzt auf den beiden Couchen tatsächlich jemals jemand? Steht das Regal nur in dieser Ecke, weil Ihnen sonst der Raum zu leer erscheint und ist also eigentlich nur eine Verlegenheitsentscheidung? Neben dem Aspekt der Nützlichkeit zählt auch ein weiterer mindestens genauso viel: Gefallen Ihnen die Möbel, die in Ihrer Wohnung stehen? Gibt es Ihnen ein gutes Gefühl, von diesen Objekten umgeben zu leben?

Diese Fragen sind von höchster Bedeutung, denn der Minimalismus will schließlich, dass Sie sich erstens mit möglichst wenig umgeben und zweitens ausschließlich mit Dingen, die Ihnen in irgendeiner Form Freude bereiten. Dies ist umso wichtiger, je weniger Sie besitzen, denn wenn ein Raum bis auf wenige Dinge recht leer ist, sollten einem die verbliebenen Dinge umso besser gefallen, gerade auch im Hinblick darauf, einem Problem entgegenzuwirken, das viele Menschen beim Minimalismus fürchten: kahl und steril wirkende Wohnräume. Wenn Sie also längst mit der geerbten Kommode Ihrer Großmutter hadern, weil Sie die Blumenornamente entsetzlich kitschig finden und das Ding ohnehin ungenutzt herumsteht, dann ist dies vielleicht der richtige Zeitpunkt, sie endlich loszuwerden. Machen Sie sich bewusst, dass es sich um nichts mehr als einen unbelebten Gegenstand aus Holz und Metall handelt, der nichts mit Ihrer Großmutter und schon gar nichts mit den schönen und wichtigen Erinnerungen, die Sie an sie haben, zu tun hat – Ihr Gehirn hat hier einfach nur eine unbedeutende emotionale Verknüpfung hergestellt, die Sie aus Sentimentalität zögern lässt, das Ding einfach rauszuwerfen. Gerade bei der Einrichtung gilt jedoch auch: Lassen Sie sich im Zweifelsfall vor allem bei Möbeln, die der Aufbewahrung dienen, Zeit mit der Entscheidung. Wenn Sie noch nicht gut abschätzen können, wie viel Ihres Besitzes bei der Entrümpelung letztlich aussortiert werden wird und wie viel Stauraum Sie dann noch benötigen, behalten Sie den Schrank, bis Sie sicher wissen, dass Sie ihn nicht mehr benötigen. Eine weitere Anregung: Denken Sie Dinge einmal neu und überlegen Sie, ob Sie verschiedene Möbelstücke sozusagen „zusammenlegen" können. Vielleicht brauchen Sie gar keinen extra Schreibtisch, weil der Esstisch völlig ausreicht, um zwischendurch mit dem Laptop daran zu arbeiten. Möglicherweise möchten Sie auch gerne ein Bett, das tagsüber ebenso gut als Sofa dienen kann, und die Arbeitsfläche in der Küche kann freistehend von allen Seiten als Aufbewahrungsraum genutzt werden, verleiht damit dem Raum gleichzeitig eine gewisse Dreidimensionalität und wirkt so dem Eindruck von Leere entgegen.

Nach den Möbeln können Sie sich den größeren Dekorationselementen zuwenden, vor allem Bildern, Fotos und Postern an den Wänden. Hierbei steht ganz besonders der Aspekt der „Zuneigung" im Vordergrund. Haben Sie wirklich zu all den Bildern und Postern einen positiven und persönlichen Bezug? Hängen vielleicht irgendwo noch Poster aus einer Zeit, in der Sie eine bestimmte Ästhetik oder bestimmte Themen spannend und interessant fanden, die heute aber kaum mehr Bedeutung für Sie haben? Gibt es Bilder, die Sie irgendwann einmal als Geschenk bekommen und eigentlich nur aus Dankbarkeit und einem diffusen Verpflichtungsgefühl dem Schenker gegenüber heraus aufgehängt haben?

Versuchen Sie, sich von solchen Empfindungen zu lösen: Minimalismus bedeutet Freiheit von Dingen, die einen eigentlich nur belasten und auch die Freiheit dazu, diese Entscheidungen ohne Rücksichtnahme auf Höflichkeiten und übliche Gebräuchlichkeiten treffen zu können. Was sich ebenfalls oft an den Wänden findet: Bilder, die nur dort hängen, um irgendwie die leeren weißen Flächen zu füllen. Seien Sie in diesem Fall kompromisslos: Sie wollen sich von bedeutungsloser Besitzfülle trennen, um die Erleichterung der

Einfachheit und Schlichtheit zu erleben, bedeutungslose Fülldekoration hat in dieser Lebensweise keinen Platz. Wer nun die Leere und Kargheit derart freigeräumter Wände fürchtet, sollte sich dem Punkt aus einem anderen Blickwinkel annähern: Welche Bilder, Fotografien etc. gibt es, die Ihnen wirklich gut gefallen und eine tatsächliche persönliche Bedeutung für Sie haben? Und wie könnten Sie diese wenigen Einzelstücke in Szene setzen? Stellen Sie sich beispielsweise eine ansonsten völlig leere Wand vor, in deren Mitte Sie ein ganz besonderes Poster hängen, dessen Anblick Sie jedes Mal erfreut, wenn Sie diesen Raum betreten. Sie könnten etwa einen Lichtstrahler darauf ausrichten, sodass das Bild ganz unmittelbar zum Fokuspunkt des Raums wird. Je bewusster Sie ein einzelnes Objekt in Szene setzen, desto mehr Raum nimmt es in der Betrachtung ein und auf diese Weise kann ein einzelnes Gemälde durchaus als füllend für eine ganze Wand wahrgenommen werden. Erlauben Sie sich die Offenheit, auch Ihre Wahrnehmung neu auszurichten und akzeptieren Sie, dass Sie sich möglicherweise erst einmal Ihre bisherigen Ästhetikempfindungen „abgewöhnen" müssen, denn viele Menschen haben lange und gründlich gelernt, dass nur Fülle und Masse Gemütlichkeit schaffen.

Wenn Sie Ihre Räume nun auf diese grundlegende Art strukturieren, sollten Sie sich auch Gedanken um bestimmte Leitlinien machen, nach denen Sie Einrichtung und Dekoration ausrichten wollen. Dazu kann es gehören, sich ein bestimmtes Farb- und Stilspektrum auszuwählen, innerhalb dessen man sich dann bei der ganzen Einrichtung bewegen möchte. Hierbei kommt es ganz darauf an, in welcher Form Sie sich für den Minimalismus entschieden haben: Wenn es Ihnen in erster Linie darum geht, tatsächlich einfach so wenige Gegenstände wie möglich zu besitzen, ist es vielleicht gar nicht wichtig, wenn diese Gegenstände dann in sämtlichen Farben, Formen und Stilen daherkommen. Wenn Sie Minimalismus allerdings auch als ästhetisches Konzept begreifen, sollten Sie an diesem Punkt einige Entscheidungen treffen. Sie können zum Beispiel einen bestimmten Farbton wählen, in dessen Abstufungen oder verwandten Farben Sie dann Einrichtung und Dekoration halten. Allein diese recht simple Maßnahme sorgt für ein deutlich erhöhtes Empfinden von Schlichtheit, Klarheit und Ordnung. Gleiches gilt für den Stil von Möbelstücken oder Dekoelementen: Wenn Sie minimalistische Optik wünschen, wählen Sie Objekte mit klarer Linienführung und schlichten geometrischen Grundformen.

Zudem meiden Sie Schnörkel, Ornamente und unregelmäßige Linienbrüche. Dies setzt natürlich voraus, dass Sie entweder solche Objekte bereits besitzen und lediglich anders gestaltete Dinge aussortieren müssen oder aber, dass Sie bereit sind, für Ihren neuen minimalistischen Lebensstil zu Beginn etwas zu tun, was der Idee zunächst zuwiderzulaufen scheint: neue Dinge kaufen. Natürlich ist es zu bevorzugen, bereits vorhandene Dinge zu benutzen und eben nichts Neues zu kaufen. Wenn allerdings die neue Ordnung etwas nötig macht, was Sie bislang nicht besitzen, so kann es durchaus auch Sinn machen, es einmal zu erwerben. Wenn Sie z. B. drei halbgefüllte Kommoden, einen Wandschrank und einen Tisch durch eine zusammengefügte Küchenarbeitsfläche mit eingebauten Regalfächern ersetzen möchten, so müssen Sie diese erst einmal kaufen. Das kann sinnvoll sein, wenn Sie davon ausgehen können, dieses Objekt einmal zu erwerben und dann für viele Jahre effektiv zu nutzen und damit andere Gegenstände einzusparen. Fragen Sie sich in jedem Fall, ob die Anschaffung erstens wirklich nötig ist und zweitens, ob Sie davon ausgehen, damit dann für einen langen Zeitraum ausreichend gerüstet zu sein und zufrieden leben zu können. Nach den großen Objekten kommen die vielen kleinen Objekte, die tatsächlich die meisten Menschen erst zum Minimalismus bringen, gerade weil sie an der schieren Vielzahl und Unordnung verzweifeln. Hier wird das Aussortieren die größte Herausforderung sein, der Sie sich aber, wie gesagt, erst im Anschluss tatsächlich widmen sollen. Für den Moment sind vor allem vorbereitende Überlegungen wichtig. Minimalismus bedeutet ja eben nicht, nichts zu besitzen, wichtig ist aber die Frage, was Sie mit den Dingen, die Sie behalten, tun möchten. Minimalistisches Wohnen sorgt durch Ordnung und Klarheit für eine ruhige, übersichtliche und unaufgeregte Atmosphäre, was genau die Wirkung ist, auf die Minimalisten abzielen, und die Königsregel dafür lautet: Dinge sollten verstaut sein.

Dafür gibt es einige Grundregeln, die Sie unbedingt beachten sollten, auch wenn Sie zunächst ohnehin selbstverständlich klingen. Erstens: Jedes Ding hat seinen Platz und an diesem soll es auch, wenn es nicht gerade in Gebrauch ist, verstaut sein. Zweitens: Soweit möglich, sollte dieser Ort nicht einsehbar sein, das heißt, er sollte sich in einem geschlossenen Schrank oder hinter einer Regaltür befinden. Je weniger kleinteilige Objekte ins Auge stechen, desto klarer und ordentlicher wirkt ein Raum. Verwenden Sie hier Kisten und Schachteln, um eine klare, beruhigende Optik zu schaffen. Viertens: Der Boden sollte frei bleiben. Lassen Sie nichts herumliegen und richten Sie auch keine Zeitungsstapel oder Ablageorte auf dem Boden ein. Je mehr Fläche des Fußbodens frei ist, desto ordentlicher und übersichtlicher wirkt der Raum. Außerdem können Sie sich ungehindert bewegen, was das Gefühl von Befreiung und Ordnung deutlich verstärkt.

MINIMALISMUS IM KLEIDERSCHRANK – DIE FORTSETZUNG DER „10X10-CHALLENGE"

Ihr Wohnraum ist vermutlich der umfassendste Bereich Ihres Lebens, den Sie als Minimalist neu zu strukturieren haben und Ihre Garderobe ist natürlich strenggenommen ein Teil davon. Dass diesem Bereich dann trotzdem ein eigenes Kapitel gewidmet wird, liegt daran, dass Ihre Kleidung zum einen eine besonders persönliche und vor allem alltägliche Sammlung an Gegenständen ist, zum anderen aber auch eine, deren Außenwirkung nicht unerheblich ist. Es wird in Ihrem Berufsleben kaum einen Unterschied machen, wie viele Kochlöffel Sie besitzen und wo Sie diese aufbewahren, bei Ihren Blusen oder Anzügen kann das leicht anders sein. Der Kleiderschrank eines Menschen ist oft fast eine eigene Welt und genauso soll er auch behandelt werden. Einige wichtige Dinge wurden bereits im Zuge der „10x10-Challenge" angesprochen, mit der Sie schon in den Minimalismus hineingeschnuppert haben, aber für ein langfristig minimalistisches Leben gibt es natürlich noch eine Menge weiterer Dinge zu bedenken und zu beachten. Zunächst ist es wichtig, sich einen realistischen Überblick über die ganz persönlichen Notwendigkeiten zu verschaffen. Auch hier helfen zum Einstieg zunächst einige ebenso simple wie entscheidende Fragen weiter. Fragen Sie sich zunächst, welchen Stellenwert Kleidung ganz prinzipiell in Ihrem Leben hat.

Es gibt Menschen, für die Kleidung beziehungsweise Mode eine Art Hobby, also ein ganz persönliches Interesse, ist, für andere geht es dabei um nicht mehr als eine bloße Notwendigkeit, weil man sich nun einmal irgendwie bedecken und wärmen muss. Auch, wenn dieser Appell langsam zur Wiederholung wird: Scheuen Sie sich nicht, Ihre eigenen Interessen und Bedürfnisse hierbei klar zu formulieren und auch danach zu handeln. Wenn Kleidung Ihnen etwas bedeutet, müssen Sie sich nicht den Zwang auferlegen, alles zu entsorgen, was nicht unmittelbar Ihr Überleben sichert. Wenn Kleidung oder bestimmte Kleidungsstücke etwas sind, was Ihnen Freude bereitet, umso besser. Wir wollen uns schließlich mit Dingen umgeben, die uns Freude bereiten, aber sicher haben auch Sie ein paar Teile, die man kaum mehr anders als Schrankleichen bezeichnen kann. Ebenfalls bedacht gehört der weitaus praktischere Aspekt der beruflichen Anforderungen. Arbeiten Sie in einem Beruf, in dem das äußere Erscheinungsbild von Bedeutung ist oder in dem womöglich sogar spezifische Kleidungsvorschriften gelten? Falls das der Fall ist, decken sich diese Anforderungen mit Ihren persönlichen Kleidungsvorlieben oder müssen Sie berufliche und private Kleidung getrennt halten? Diese Fragen haben natürlich eine erhebliche Auswirkung auf den Umfang, den auch Ihre minimalistisch reduzierte Garderobe letztlich haben wird.

Als Nächstes sollten Sie im Kopf die Anlässe durchgehen, die ein regelmäßiger oder doch zumindest ein vorhersehbarer Teil Ihres Lebens sind: Gehen Sie gerne ins Theater, wo Sie nun einmal schicker gekleidet sein sollten und auch möchten? Treiben Sie viel Sport, wofür Sie die entsprechenden Kleidungsstücke benötigen? Sind Sie viel draußen in der Natur, gerade auch zur kälteren Jahreszeit? Und nicht zuletzt: Wie sind Temperaturen und Wetter im Allgemeinen dort, wo Sie leben bzw. halten Sie sich das Jahr über an klimatisch unterschiedlichen Orten auf? All diese Aspekte spielen bei der Gestaltung Ihrer Garderobe natürlich eine wichtige Rolle und genau deshalb sollten Sie sich auch nicht sklavisch an eine bestimmte Zahl halten, über die Sie in Blogs oder entsprechenden Challenges stolpern. Entscheidend ist, dass Sie eine Vorgabe entwickeln, die für Ihre Situation und Ihre Vorlieben angemessen ist. Dafür können Sie entweder selbst eine Zahl an Kleidungsstücken festlegen oder aber Sie arbeiten mit anderen Grundsätzen, beispielsweise kein Kleidungsstück, das die gleiche Funktion erfüllt, doppelt zu besitzen oder einen bestimmten Aufbewahrungsraum nicht zu überschreiten. Ein besonders bewährter Ansatz für viele Minimalisten ist das Anlegen einer sogenannten Capsule Wardrobe.

Kurz gesagt ist die Idee dahinter, dass Sie eine Garderobe mit einer von Ihnen festgelegten Anzahl von Kleidungsstücken besitzen, die alle untereinander kombinierbar sind. Eine solche Ausstattung bringt natürlich viele Vorteile mit sich, die einem minimalistischen Lebensstil sehr entgegenkommen: Sie besitzen nicht mehr Teile, als Sie benötigen, Sie entziehen sich der Verlockung der Modeindustrie, ständig neue Kleidung zu kaufen, um aktuellen Trends zu folgen, Sie entwickeln einen Stil, der tatsächlich zu Ihnen, Ihrem Körper, Ihrer Lebensweise und schließlich auch zu Ihrem grundsätzlichen Wesen passt und am Ende sparen Sie sich auch die Zeit und den Aufwand, immer wieder vor der Frage zu stehen: Was zum Teufel soll ich denn heute anziehen? Das mittlerweile sprichwörtlich gewordene Problem, vor einem vollen Kleiderschrank zu stehen und nichts zum Anziehen zu haben, erledigt sich damit ganz von selbst und Sie werden rasch merken, was für eine Erleichterung es ist, sich diesen alltäglichen Zwängen nicht mehr stellen zu müssen. Wenn Sie sich eine solche Miniaturgarderobe einrichten wollen, lohnt es sich auch hier, einige bestimmte Grundsätze festzuhalten. Wie viele Kleidungsstücke wollen Sie vorrätig haben? Gibt es bestimmte Situationen, die berücksichtigt werden müssen? Dann empfiehlt es sich, eine oder zwei Grundfarben zu wählen, die Ihnen besonders gut stehen oder die Sie besonders gerne mögen, zusätzlich vielleicht noch eine ganz andere Farbe, mit der Sie dann Akzente setzen können. Gehen Sie Ihren Kleiderschrank durch und gleichzeitig im Kopf, welche Teile Sie tatsächlich tragen, welche Sie besonders oft tragen, welche Sie fast nie tragen und ob es möglicherweise sogar Kleidungsstücke gibt, die Sie zwar immer wieder aus dem Schrank nehmen und anprobieren, aber in der Regel doch wieder ausziehen.

Davon können Sie einiges an Interessantem über sich selbst und Ihren Stil lernen: Warum legen Sie diese eine Bluse letztlich immer wieder zurück, obwohl Sie sie wirklich schön finden? Merken Sie vielleicht jedes Mal, dass die Bluse zwar hübsch sein mag, aber Ihnen Farbe oder Form eigentlich nicht stehen? Wieso landen Sie so oft bei dem einen beigen Pullover, den Sie eigentlich gar nicht besonders schön finden? Vielleicht ist er einfach unschlagbar gemütlich oder aber der Schnitt passt perfekt zu Ihrer Figur und Ihren Stilvorlieben. Beim Reduzieren Ihres Kleiderschranks auf eine Capsule Wardrobe kommen Sie letztlich nicht umhin, Ihr Kleidungsprofil zu schärfen. Dies ist ein sehr angenehmer und nützlicher Nebeneffekt: Für jeden Menschen gibt es ganz grundlegende Farb- und Stilaspekte, die dem jeweiligen Aussehen und der jeweiligen Persönlichkeit entsprechen, aber viele sind sich dessen nicht bewusst, weil das Befolgen ständig wechselnder modischer Vorgaben den klaren Blick darauf verschwimmen lässt. Außerdem gibt es nun einmal zwei Wahrnehmungsebenen, die nicht unbedingt zusammenpassen: Kleidung, die wir schön finden und Kleidung, die uns steht und zu uns passt.

Die Capsule Wardrobe zwingt uns gewissermaßen, mit diesen Diskrepanzen unseren Frieden zu machen, was unglaublich befreiend wirken kann. Sie gibt einen Impuls, uns letztlich mit Realitäten abzufinden: Auch, wenn Sie diese eine Jeans seit Jahren gerne tragen können möchten, wenn Sie nun einmal nicht die Figur haben, die diese Jeans verlangen würde, dann quälen Sie sich nicht länger damit herum, sich in eine Form bringen zu müssen, die das Tragen erlaubt, sondern lassen Sie es einfach. Konzentrieren Sie sich stattdessen auf die Dinge, die Ihnen gut stehen und lernen Sie, sich an dem zu freuen, was Ihre persönliche Schönheit unterstreicht. Auch, wenn Sie nicht streng den Vorgaben einer Capusle Wardrobe folgen, ist dieses Erspüren einer bestimmten Richtung äußerst hilfreich und sinnvoll, wenn Sie den Umfang Ihrer Garderobe reduzieren möchten. Zwei praktische Tipps zum Abschluss: Legen Sie für sich selbst fest, welche Kleidungskategorien von Ihren Limitierungsvorgaben betroffen sein sollen. Es kann beispielsweise Sinn machen, Unterwäsche und Socken davon auszunehmen, eventuell auch Sportbekleidung oder Schuhe. Wählen Sie zudem einige Kleidungsstücke, die eine hohe Kombinierbarkeit aufweisen und mehrere Funktionen erfüllen können. Ein kurzes Kleid können Sie im Sommer einfach so tragen und im Winter über Strumpfhosen oder sogar über Jeans. Mit einem Langarmshirt darunter wird es noch wärmer und wenn zusätzlich ein Jäckchen dazu kommt, werden Sie selbst beim Winterspaziergang nicht frieren.

Gerade Schuhe sind zudem ein interessanter Punkt: Man wird kaum mit einem Paar auskommen können, aber die meisten Leute können den Umfang des Schuhregals ganz drastisch reduzieren, wenn Sie sich auf die Funktionen einzelner Schuharten konzentrieren. Sie brauchen etwas Warmes, etwas Stabiles, etwas Repräsentatives und vielleicht noch etwas Filigranes für Kleider oder Röcke. Greifen Sie zu Farben, die sich gut kombinieren lassen und zu hochwertigeren Modellen, die die Dauerbelastung gut aushalten, und zudem zu solchen, die Ihrer Persönlichkeit gut entsprechen. Schuhe sind sehr ausdrucksvolle Details, die leicht dem gesamten Look Ihre persönliche Note verleihen können.

REIN, PUR, GESUND – MINIMALISTISCHE ERNÄHRUNG

Auch dieser Punkt ist nicht ganz neu, da Sie sich schließlich bereits im Zuge der Eat-Up-Challenge mit den grundlegenden Aspekten Ihrer Ernährung beschäftigt haben. Nun geht es wieder darum, aus den ersten Erfahrungen dieser Probierphase ein dauerhaft anwendbares Konzept zu entwickeln. Die Challenge hat Ihnen schon einige essenzielle Punkte vor Augen geführt: Wir kaufen mehr Lebensmittel, als wir brauchen und auch verbrauchen, wir lassen uns zum Kauf von Lebensmitteln verleiten, die wir eigentlich gar nicht benötigen oder womöglich nicht einmal mögen und wir folgen auch hierbei oft Trends und aktuellen Ideen, die vollmundige Versprechen liefern.

Das alles führt zu einem ebenso simplen wie erschreckenden Schluss: Die Kontrolle über unsere Ernährung haben die meisten von uns längst verloren. Sicher, wir sind es, die im Supermarkt die Waren in den Wagen legen und bezahlen, wir wählen und treffen Entscheidungen, aber letztlich keine weitreichenderen, als sich zwischen ein paar Marken zu entscheiden. Wie viel Zucker, wie viel Salz, wie viele Geschmacksverstärker, welche sonstigen Zusatzstoffe sind in unserem Essen? Diese Entscheidung haben wir an die Lebensmittelindustrie abgegeben. Was ist gesund für uns und durch was zeichnet sich gesundes

Essen aus? Dabei hören wir auf die Ernährungstipps aus Magazinen oder folgen Bloggern, die die neuesten Trends für uns ausprobieren oder uns dies zumindest weismachen. Was ist leicht und schnell verfügbar? Dies bestimmen Fast-Food-Ketten und Imbissbuden, die überall bereitstehen und uns ununterbrochen mit Kalorien versorgen. Gerade in den letzten zehn bis fünfzehn Jahren ist Ernährung mehr und mehr zur ideologischen Frage und zum Vollzeitprojekt verkommen.

Ein großer Teil der Bevölkerung folgt irgendeinem ernährungsphysiologischen Grundsatz, die Menschen leben vegan oder folgen der Paläo-Diät, setzen auf Low-Carb oder verzichten auf Gluten, obwohl ihr Körper mit Gluten gar kein Problem hätte. Sie springen auf die Heilversprechen von Superfood an und geben absurd vieles Geld für Chiasamen oder Moringapulver aus. Dies alles geschieht aus hauptsächlich zwei Gründen: Zunächst sind da diffuse Schuld- und Angstgefühle, wir sorgen uns um unsere Gesundheit und wissen irgendwo tief in unserem Hinterkopf ganz genau, dass unser Lebensstil nicht gerade gesundheitsförderlich ist. Um tatsächlich negative Ernährungs- und Lebensgewohnheiten abzustellen, fehlen vielen Menschen allerdings der Wille, die Motivation und in mancher Hinsicht schlicht auch die Zeit. Also greifen sie zu Maßnahmen und Methoden, die mit dem Versprechen locken, für ihre Gesundheit gut zu sein, ohne dass sie dafür tatsächlich schmerzlichen Verzicht üben oder anstrengenden Aufwand betreiben müssten.

Der zweite Grund ist die überwältigend gewordene Unübersichtlichkeit: Essen ist unfassbar kompliziert geworden. Während noch vor hundert Jahren für viele Menschen die einzige Ernährungssorge drohende Unterernährung war, bietet jeder Supermarkt mittlerweile eine solche Auswahl an Lebensmitteln, dass man unmöglich noch wirklich Bescheid wissen kann über das vollständige Nahrungsangebot. Wir könnten uns, ohne zu verhungern und unmittelbare Gesundheitsschäden zu erleiden, auf tausende unterschiedliche Arten ernähren – aber was davon ist nun richtig und was falsch? Was vor fünf Jahren noch als heiliger Gral der Ernährung gepriesen wurde, wird heute schon wieder verflucht und wer also das Essen nicht mit wissenschaftlicher Akribie betreibt, verliert schnell den Überblick und fühlt sich überfordert. All dies habe ich Ihnen nun so ausführlich dargelegt, weil das Prinzip des Minimalismus in dieser Hinsicht außerordentlich weiterhilft.

Grundgedanke und Ziel aller minimalistischen Ansätze ist die Reduzierung auf das Wesentliche, das Wichtige, das Unentbehrliche – also auf das, was wir brauchen und was uns glücklich macht. Dies gilt natürlich genauso fürs Essen und wie die gerade aufgezeigten Probleme deutlich gemacht haben, sind

Einfachheit, Klarheit und Überschaubarkeit genau das, was den meisten Menschen fehlt. Schlichtes und einfaches Essen hat nämlich nicht nur den Vorteil, dass man nicht den Überblick verliert im Nahrungsmitteldschungel, sondern vor allem auch, dass es in den meisten Fällen automatisch gesundes Essen bedeutet. Wie soll eine solche Ernährung also aussehen? Zunächst einmal gilt, was bereits die „Eat-Up-Challenge" vor Augen geführt hat: Kaufen Sie Lebensmittel nicht im Überfluss. Zu viele Vorräte verleiten dazu, mehr zu essen, als man eigentlich benötigt, um nur ja nichts wegwerfen zu müssen, und meistens lässt sich das trotzdem nicht vermeiden. Um hier das richtige Maß zu finden, kann es hilfreich sein, eine Weile Buch zu führen über den tatsächlichen Verbrauch einzelner Lebensmittel. Vielleicht haben Sie dies auch schon bei der „Eat-Up-Challenge" getan, dann können Sie auf diese Erfahrungen zurückgreifen.

Um nun genauer herauszufinden, von was Sie sich also ernähren sollten, sind wieder einige ganz grundsätzliche Überlegungen nötig. Wie sieht Ihr Alltag aus? Sitzen Sie viel und haben Sie beispielsweise bei der Arbeit wenig Bewegung? Oder haben Sie einen Job, der harte körperliche Arbeit von Ihnen verlangt? Haben Sie Allergien oder Unverträglichkeiten? Treiben Sie viel Sport? Je nachdem, wie die Antworten dieser Fragen ausfallen, ist zum einen Ihr Kalorienbedarf unterschiedlich hoch und gerade als aktiver Sportler haben

Sie zum anderen einen deutlich erhöhten Eiweißbedarf. Die nächste Frage richtet sich auf mögliche moralische bzw. ethische Grundsätze Ihrer Ernährung. Viele Minimalisten ernähren sich vegetarisch oder sogar vegan, da eine minimalistische Überzeugung eben oft nicht nur dem Wunsch nach Vereinfachung entspringt, sondern beim Konsumverzicht auch der Einfluss auf Umwelt und Klima eine große Rolle spielt. Diese Einstellung geht oft einher mit der Entscheidung für eine fleisch- oder tierproduktfreie Ernährung, diese ist aber für minimalistische Ernährung keineswegs zwingend. Sie können sehr wohl minimalistisch essen und trotzdem Fleisch, Eier, Milch etc. zu sich nehmen und wenn Sie dies tun möchten, sollten Sie deswegen kein schlechtes Gewissen haben. Entscheidend ist, dass Sie essen, was Ihnen guttut und schmeckt, und Sie sollten sich hierbei keinesfalls zu etwas nötigen lassen, was Ihren Bedürfnissen und Überzeugungen nicht entspricht. Soweit dürfte Ihnen der Minimalismus in der Ernährung noch nicht sonderlich schwerfallen, aber nun wird es zumindest für den Anfang etwas herausfordernder.

Kaufen Sie möglichst einfache und schlichte Lebensmittel, also solche, die weitestgehend unverarbeitet sind. Der Grund: Sie sind gesund und außerdem haben Sie hier einen ganz genauen Überblick darüber, was Sie tatsächlich zu sich nehmen. Ganz offensichtlich sind frisches Obst und Gemüse hierfür die erste Wahl und sollten eine herausragende Rolle in Ihrem Speiseplan einnehmen. Eine gute Nachricht an dieser Stelle: Sie können bedenkenlos auch zu Tiefkühlgemüse greifen, solange es sich wirklich nur um unverarbeitetes Gemüse ohne Zusätze handelt. Diese Entscheidung schont nicht nur oftmals Ihren Geldbeutel, sondern ist auch unter dem Nachhaltigkeitsaspekt sinnvoll. Und auch was den Gesundheitsaspekt angeht, muss sich Tiefkühlgemüse nicht verstecken: Die modernen Methoden des Schockfrostens unmittelbar nach der Ernte sorgen dafür, dass Zellstrukturen nicht zerstört werden und somit Vitamine und andere wertvolle Inhaltsstoffe erhalten bleiben. Neben Obst und Gemüse sind Hülsenfrüchte verschiedenster Art sehr empfehlenswerte Nahrungsmittel für den minimalistischen Koch. Sie sind unverarbeitet zu haben, nährstoffreich und – im Gegensatz zu Gurke, Paprika und Co. – äußerst sättigend. Zudem spricht auch ihre hohe Lagerfähigkeit für ihre häufige Verwendung.

Wenn Sie nicht gerade einer veganen Lebensweise anhängen, bieten sich des Weiteren Lebensmittel wie Milch, Eier oder Fleisch an, die ebenfalls völlig ohne Zusatzstoffe auskommen. Absolut empfehlenswert sind in jeder Hinsicht Nüsse, die bei jedem (Nichtallergiker) regelmäßig auf dem Speiseplan stehen sollten, denn sie enthalten beeindruckende Mengen an gesunden und wichtigen Nährstoffen. Und wenn Sie etwa gerne zu Hasel- oder Walnüssen greifen, könnten diese theoretisch auch in Ihrem Vorgarten wachsen, womit Sie dann eine traumhafte Nachhaltigkeitsbilanz schaffen. Von diesen gänzlich unverarbeiteten Lebensmitteln arbeiten Sie sich langsam vor zu solchen, bei denen schon einige Bearbeitungsschritte nötig sind. Ab hier bewegt man sich entlang eines Spektrums und jeder muss für sich selbst entscheiden, was er noch konsumieren möchte und was nicht. Pasta beispielsweise besteht lediglich aus Hartweizengrieß und Wasser, die zu Teig verarbeitet werden – vor allem, wenn man auch noch die Vollkornvariante wählt, hat man ein durchaus gesundes und nahrhaftes Lebensmittel. Auch Vollkornbrot ist verarbeitet, aber trotzdem empfehlenswert. Joghurt enthält schon ein paar mehr Inhaltsstoffe, steht aber natürlich keinesfalls im Gegensatz zu einer gesunden Ernährung.

Hier sind wirklich Ihre persönlichen Prinzipien entscheidend: Die meisten Minimalisten richten sich nach dem Grundsatz, so viel wie möglich selbst zu machen, weil die minimalistischen Prinzipien so am besten umgesetzt werden können. Sie entscheiden, was in Ihren Lebensmitteln enthalten ist und wie viel, Sie gewinnen die Kontrolle zurück über das, was Sie essen und Sie bringen damit die größtmögliche Schlichtheit und Einfachheit in Ihre Ernährung. Um eine Übersicht zu erlangen und vernünftige Konzepte zu entwickeln, ist es hilfreich, ein paar Listen zu erstellen. Beginnen Sie mit einer Liste für Lebensmittel, die Sie von Ihrem Speiseplan verbannen möchten, also im Idealfall Fastfood, Fertiggerichte, Tütensuppen und was sonst noch an Ungesundem, Hochverarbeitetem bislang Teil Ihrer Ernährung war. Setzen Sie auf diese Liste nur Dinge, die Sie mit voller Überzeugung streichen wollen und auch können. Dann erstellen Sie eine zweite Liste mit solchen Lebensmitteln, von denen Sie zwar wissen, dass Sie ungesund sind, auf die Sie aber keinesfalls vollständig verzichten wollen. Dann kommt die vielleicht wichtigste Liste: Schreiben Sie hier alles auf, was Ihnen schmeckt und was Sie guten Gewissens als empfehlenswertes Nahrungsmittel deklarieren können. Diese Aufzählung wird Ihnen vermutlich künftig die meiste Freude bereiten, denn wann immer Sie etwas davon essen, haben Sie sowohl ein gutes Gewissen als auch einen geschmacklichen Genuss. Stellen Sie diese Liste in den Vordergrund Ihrer täglichen

Ernährungsgewohnheiten, denn Sie bedient perfekt minimalistische Prinzipien: schlicht, klar und voll mit Dingen, die Ihnen Freude bereiten.

Ebenfalls nützlich ist die Aufzählung von Dingen, die nicht unbedingt zu Ihren Lieblingsspeisen gehören, aber aus ernährungsphysiologischen Gründen empfehlenswert sind. Wichtig: Zwingen Sie sich nichts auf, was Sie wirklich gar nicht ausstehen können. Linsen und Fisch mögen wahnsinnig gesund sein, aber wenn Sie es nun einmal eklig finden, gehört es nicht in Ihre Ernährung. Legen Sie sich keine unnötigen Stolpersteine in den Weg, denn minimalistisches Essen verlangt Ihnen gerade am Anfang ohnehin schon einiges an Disziplin ab. Nachdem Sie sich also beispielsweise in Form dieser Listen Übersicht verschafft haben, nehmen Sie sie zur Hand und erarbeiten Sie daraus Ihr persönliches Ernährungskonzept. Wägen Sie die unterschiedlichen Aspekte gegeneinander ab und seien Sie auch hier vor allem wieder aufrichtig und ehrlich mit sich selbst: Erkennen Sie Ihre Grenzen und respektieren Sie sie, aber fragen Sie sich auch, wo Sie Kompromisse eingehen können. Welche Aspekte sind für Sie besonders wichtig? Wie sehr können und möchten Sie sich einschränken, auf was können Sie leicht verzichten, auf was gar nicht? Welchen Aufwand können Sie betreiben, welchen nicht? Wählen Sie wohlschmeckende und gesunde Grundpfeiler für Ihre Ernährung und legen Sie für sich fest, welche

Lebensmittel eine tragende Rolle spielen sollen. Es lohnt sich, dabei auf Geschmack, Preis, Sättigungsvermögen und auch auf Verfügbarkeit zu achten.

Ziehen Sie Kompensationsmöglichkeiten in Betracht: Wenn Sie wahnsinnig gerne eine bestimmte Sache essen, die aber eher ungesund ist, können Sie sich beispielsweise erlauben, diese Sache selten zu essen und dann ausschließlich mit rohem Gemüse zu kombinieren. Vielleicht finden Sie auch eine Möglichkeit, dieses Gericht durch eine etwas abgewandelte, gesündere Variante zu ersetzen. Gerade bei Fertiggerichten sollten Sie überlegen, ob Sie diese nicht vielleicht doch auch selbst zubereiten können. Oftmals wird der tatsächliche Aufwand überschätzt und vor allem bei Gerichten, die für mehrere Tage im Voraus gekocht werden können, lohnt es sich auch in zeitlicher Hinsicht schnell, auf die hausgemachte Variante umzusteigen. Ein Tipp: Viele Menschen wollen auf Fertiggerichte nicht verzichten, weil der Geschmack der selbstgemachten Variante im Vergleich zum Fertigprodukt eine Enttäuschung ist. Nicht selten hilft hier der genaue Blick auf die Zutatenliste: Oft wird der Geschmack, den man selbst nicht recht hinbekommt, etwa durch ein ganz bestimmtes Gewürz erzeugt, an das man selbst nicht gedacht hat, aber von nun an leicht verwenden kann. Bei der Liste mit eigentlich empfehlenswerten, aber eher ungeliebten Nahrungsmitteln lohnt es sich dann, ein bisschen mit sich selbst zu verhandeln. Lassen sie sich vielleicht auf eine Art zubereiten, die mir besser schmeckt oder können andere Zutaten den Geschmack abmildern?

Alternativ: Ist eine andere Sache zwar vielleicht äußerst gesund, aber Sie mögen sie wirklich nicht? Finden Sie etwas Gleichwertiges, das Ihnen eher zusagt. Auf jeden Fall gilt: Werden Sie kreativ und probieren Sie aus, kombinieren Sie neu und holen Sie sich Inspirationen auf Rezeptseiten oder Blogs. So stoßen Sie auf Ihnen noch unbekannte oder einfach nicht vertraute Nahrungsmittel, die Ihre Ernährung perfekt ergänzen. Auch Altbekanntes mit schlechtem Ruf hat mit neuer Zubereitung oftmals eine zweite Chance verdient und mutiert nicht selten überraschenderweise zum neuen Liebling. Ganz grundsätzlich gilt: Nähern Sie sich dem minimalistischen Essen mit Neugier und Offenheit an, seien Sie bereit, tatsächlich etwas an Ihren Gewohnheiten zu ändern, und tun Sie dies in dem Bewusstsein, dass es nicht darum geht, Liebgewonnenes zu streichen, sondern vor allem darum, neue kulinarische Freuden zu entdecken. Hören Sie auch auf Ihren Körper: Er hat die Fähigkeit, Ihnen deutlich mitzuteilen, was er braucht und möchte und vor allem auch, wie viel. Geben Sie sich die Zeit, diese Wahrnehmung wieder neu zu erlernen. Lassen Sie sich von dem Prinzip der Einfachheit und Schlichtheit leiten, also je weniger Zutaten, desto besser, je einfacher die Zubereitung, desto besser, je unverarbeiteter das

Lebensmittel, desto besser, je leichter und regionaler verfügbar ein Produkt, desto besser. Und vor allem: Vergessen und verlernen Sie auf keinen Fall, zu genießen. Schließlich soll Minimalismus Ihr Leben besser machen und Sie nicht quälen. Stellen Sie im Zweifelsfall lieber eine weniger strenge Regel auf als eine, die zwar idealistisch daherkommt, Sie aber nach ein paar Wochen so frustriert, dass Sie alles wieder hinwerfen.

MINIMALISMUS AM ARBEITSPLATZ UND IM ARBEITSLEBEN

Kommen wir nun erstmals zu einem Punkt, der unseren Minimalismus in direkte Beziehung zur Außenwelt setzt. Alle bisherigen minimalistischen Veränderungen fanden innerhalb Ihrer eigenen vier Wände statt oder mussten zumindest nur mit Ihnen selbst ausgehandelt werden. Minimalismus im Arbeitsleben ist eine andere Nummer, denn hier lässt sich die Konfrontation mit der Umwelt nicht vermeiden. Zusätzlich spannend: Abseits von eventuellen Differenzen mit Kollegen ist dies möglicherweise der Bereich des Minimalismus, der die größte Veränderung in Ihrem Leben nach sich ziehen kann, denn wenn Sie wirklich grundlegend minimalisieren möchten, werden Sie nicht bei der Organisation Ihres Schreibtisches aufhören, sondern sich mit Umfang und Natur Ihrer Arbeit selbst auseinandersetzen.

Aber nun Schritt für Schritt von Anfang an: Wenn Sie nicht gerade ausschließlich im Homeoffice arbeiten, kommen Sie nicht umhin, Ihre neue Lebensweise in eine konkrete Wechselwirkung mit Ihrer Umgebung zu stellen. Leider neigen viele Menschen dazu, auf Neues und auf Veränderungen zunächst mit Ablehnung zu reagieren, also müssen Sie sich eventuell auf spöttische Kommentare oder gar offene Kritik einstellen. Meistens entspringt Ablehnung einer diffusen Empfindung von Bedrohung, Menschen werden unsicher und nervös, wenn Sie sehen, dass jemand die üblichen Dinge auf eine ganz andere, neue Art tut.

Sie fürchten instinktiv, dies könnte erstens dazu führen, dass das irgendwann auch von ihnen selbst verlangt würde und zweitens, dass es sie überfordern würde. Sich diese Tatsache im Bewusstsein zu halten, hilft, mögliche negative Reaktionen nicht persönlich zu nehmen. Legen Sie Ihren Fokus darauf, anderen Menschen von Anfang an deutlich zu machen, dass Ihre persönliche Entscheidung, minimalistisch zu leben, nichts mit dem Leben anderer zu tun hat. Es ist Ihr ganz privater Entschluss und es sollte für Sie eine Selbstverständlichkeit sein, diese Entscheidung auch jedem anderen ebenso individuell für sich zu überlassen. Ein weiterer Fallstrick: Wenn Sie nicht nur die Anzahl Ihrer Büroklammern und Kugelschreiber reduzieren wollen, sondern den Minimalismus ganz grundlegend auf Ihre Arbeitsweise übertragen, kann dies

Konsequenzen haben, die kritische Kollegen oder Vorgesetzte rasch falsch auffassen können. Man würde Ihnen womöglich vorwerfen, faul zu sein oder Verantwortung und Lasten auf andere abwälzen zu wollen. Seien Sie deshalb gerade in diesem Bereich äußerst selbstkritisch und aufmerksam gegenüber den von Ihnen angestrebten Veränderungen und prüfen Sie stets, ob es wirklich um eine ganz persönliche Entscheidung von Ihnen geht oder doch um eine, die andere in irgendeiner Form mittragen müssen. Beginnen Sie nun mit den ganz praktischen Fragen. Wie sieht Ihr Arbeitsplatz aus, wie Ihre Arbeitsausrüstung?

Wenn Sie im Büro tätig sind, ist Ihr Bereich in der Regel recht klar umrissen: Sie haben einen Schreibtisch und dazu vielleicht noch ein paar Fächer, einen Rollcontainer etc. Es ist hilfreich, in diesem Bereich alles in drei Kategorien zu unterteilen: Dinge, die Sie unbedingt benötigen und die auch in ständiger oder häufiger Benutzung sind und infolgedessen auf dem Schreibtisch platziert sein sollten. Die zweite Kategorie umfasst Dinge, die Sie zwar auch benötigen, aber nicht dauerhaft in Griffweite haben müssen. Finden Sie einen – am besten optisch abgeteilten – Bereich wie Schubladen oder Schrankfächer mit Türen, in dem Sie diese Dinge lagern. Für beide Bereiche gilt selbstverständlich: Jedes Ding hat seinen Platz, an dem es sich befindet, wenn es nicht gerade verwendet wird.

Organisieren Sie Ihren Kleinkram in Einheiten und packen ihn z. B. in Schachteln, Kisten oder Körbe. Eine große Falle sind die berühmten Akten- und Papierstapel: Entwickeln Sie für sich selbst ein effizientes und klares Verstauungs- und Bearbeitungssystem, an das Sie sich dann auch streng halten. Ein Beispiel: Dinge, die lediglich abgeheftet gehören, werden sofort abgeheftet, Dinge, die anderweitig bearbeitet werden müssen, unterteilen Sie in solche, mit denen Sie sich jetzt sofort, in solche, mit denen Sie sich in absehbarer Zeit beschäftigen und in solche, deren Bearbeitung noch warten muss. Die einen gehören auf Ihren Schreibtisch, die anderen nicht, denn das setzt nur unnötig unter Druck. Eine nützliche Regel für das Erledigen all der kleinen Zwischenaufgaben, die den Tag über so auf Ihren Schreibtisch flattern: Alles, was innerhalb von zwei Minuten erledigt werden kann, wird sofort erledigt, was mehr Zeit in Anspruch nimmt, wird ordentlich einsortiert und entsprechend Ihrer Arbeitsroutine dann bearbeitet, wenn es an der Reihe ist. So vermeiden Sie unnötiges Verzetteln, das den Fokus raubt und Sie letztlich hektisch und ineffizient werden lässt. Ach, und unter die dritte Kategorie von Dingen – Sie können es sich bereit denken – fällt alles, was Sie eigentlich gar nicht brauchen und das wird kompromisslos entsorgt.

Wenn Ihr Arbeitsplatz nicht gerade einfach ein Schreibtisch ist, müssen Sie ein paar weitergehende Überlegungen anstellen: Wer handwerklich tätig ist, hat üblicherweise eine Werkstatt oder einen vergleichbaren Bereich und hier ist es ohnehin ein Muss, all die benötigten Werkzeuge und Materialien geordnet zu verstauen, um jederzeit auf alles Zugriff zu haben. Auch sind die gestalterischen Möglichkeiten limitierter, versuchen Sie aber, soweit es möglich ist, die gleichen Prinzipien anzuwenden wie auf dem Schreibtisch. Gerade das „unsichtbare" Verstauen von Gegenständen kann hier sehr wirkungsvoll und auch umsetzbar sein. Eine besondere Herausforderung sind geteilte Arbeitsbereiche. Hier sollten Sie in jedem Fall in enger Abstimmung mit anderen dort Arbeitenden tätig werden. Vielleicht sind Ihre Kollegen über mehr Ordnung und Klarheit letztlich ebenso froh wie Sie und dann können Sie gemeinsam ein praktisches System entwickeln. Alternativ besteht vielleicht die Möglichkeit, auch hier Unterteilungen vorzunehmen, wodurch Ihnen ein klar umrissener Bereich zugeteilt wird, in dem Sie Ihre Dinge so organisieren können, wie es Ihnen gefällt.

Nach der praktischen Organisation Ihres Arbeitsplatzes kommen wir nun zum weitaus bedeutungsvolleren Aspekt des Minimalismus in der Arbeit: Es geht um die Neustrukturierung der Tätigkeit selbst und möglicherweise Ihre Reduzierung. Bereits erwähnt wurde der Zusammenhang zwischen finanziellen Einsparungen und dem Minimalismus in anderen Lebensbereichen, sodass beispielsweise ermöglicht werden kann, die Arbeitszeit zu reduzieren. Dies ist eine große und weitreichende Entscheidung, die jeder für sich treffen muss. Um hier zum für Sie richtigen Ergebnis zu kommen, ist es wieder nützlich, einige Fragen zu beantworten, und die wichtigste ist in dieser Hinsicht: Macht Ihnen Ihre Arbeit Spaß? Wenn Sie das bejahen, sind Sie in einer äußerst günstigen Position, denn die mögliche Reduzierung der Arbeitszeiten ist dann weitestgehend eine Luxusentscheidung. Fragen Sie sich, ob der Umfang Ihrer Arbeit – auch, wenn sie Ihnen Vergnügen bereitet – anderen Dingen im Weg steht, die ebenfalls hohe Bedeutung für Sie haben oder sogar eine noch höhere. Wie steht es um Ihre Familie oder Partnerschaft? Ist die Zeit hierfür knapp und verspüren Sie das Bedürfnis, in dem Bereich größere Freiheiten zu haben? Was ist mit Hobbys? Gibt es Dinge, die Sie eigentlich längst gerne tun würden, für die bislang aber einfach nicht genug Zeit war? Vielleicht möchten Sie endlich wieder in einer Basketballmannschaft spielen, in einem Orchester mitwirken oder schon lange Gitarre lernen.

Die Idee des Minimalismus ist, sich selbst Raum und Freiheit zu verschaffen, in jeder Hinsicht, und genau darauf kommt es an: Wägen Sie für sich selbst ehrlich ab, ob Ihre Arbeit Sie von Dingen abhält, die Sie eigentlich gerne tun würden und wenn dies der Fall ist, werden Sie aktiv. Teilzeitmodelle sind mittlerweile weithin akzeptiert und selbst wenn Ihr Chef diesen Entschluss nicht gerade bejubelt – es geht hier um Sie. Wünsche und Träume aufzuschieben und aufzuschieben, bis sie irgendwann einmal nicht mehr umsetzbar sind, wird Ihnen niemand danken und es wird Sie niemand dafür belohnen. Halten Sie sich das vor Augen, wenn Sie dieses vielleicht schwierige Gefecht beginnen – Sie werden kein zweites Leben haben und für alles läuft irgendwann einmal die Zeit ab, also treffen Sie Entscheidungen für sich und Ihr Leben jetzt.

Wenn Sie an Ihrer derzeitigen Arbeit keinen Spaß haben, ist die Lage ohnehin etwas anders. Manchmal steckt man in einer Situation fest, die einem nicht gefällt, die aber in diesem Moment auch nicht einfach geändert werden kann. Dann ist Arbeit tatsächlich nicht mehr als das Sichern der Grundbedürfnisse und genau so sollten Sie die Sache auch betrachten: Tun Sie genau so viel, wie nötig ist, um sich das leisten zu können, was Sie wirklich wollen und brauchen. Gerade ein unbefriedigendes Arbeitsleben macht es umso nötiger, sich im Privaten freude- und sinnstiftende Tätigkeiten und Beschäftigungen zu ermöglichen, die schließlich der einzige Grund dafür sind, dass Sie überhaupt arbeiten gehen. Erlauben Sie sich – ja, zwingen Sie sich! –, Ihren Fokus auf Familie, Partnerschaft, Freundschaften, Hobbys und Freizeit im Allgemeinen zu richten, denn Sie existieren nicht für Ihren Arbeitgeber oder Ihre Kollegen, sondern für sich. Seien Sie kompromisslos und reduzieren Sie die ungeliebte Erwerbstätigkeit, soweit es möglich und für Sie realistisch ist. Sie werden sehr rasch feststellen, wie sehr Ihre persönliche Zufriedenheit ansteigt, auch wenn der Kontostand etwas sinkt.

Einen weiteren Aspekt gibt es noch, wenn man im Zusammenhang mit der Arbeit an Minimalismus denkt, und dieser richtet sich auf das Ausmisten in der Arbeitsweise selbst. Eine Warnung vorab: Minimalisierung in der Arbeit geistert als Trend gerade überall durch die Medien und wird bereitwillig aufgegriffen von vielen, die sich mit der Gestaltung unserer moderndn Arbeitswelt befassen. Während vieles davon im Einklang mit den Prinzipien minimalistischer Lebensführung steht oder zu stehen scheint, spielen eher unauffällig aber auch ganz andere Absichten mit hinein, die den Lebensvorstellungen von Minimalisten völlig zuwiderlaufen: Unter dem Deckmantel des wohltuenden Abwerfens von unnötigem Ballast zielen diese Konzepte in erster Linie darauf ab, den Arbeitenden zu optimieren und effizienter zu machen. Effizienz an sich ist natürlich im minimalistischen Leben höchst erwünscht und auch eine logische Folge vieler Minimierungsmaßnahmen, aber man sollte keinesfalls in die Falle tappen, diese Dinge zu vermischen oder zu verwechseln: Alles, was der Minimalismus mit sich bringt, hat die letztliche Absicht, das Leben des jeweiligen Minimalisten besser zu machen. Marktwirtschaftlich motivierte Selbstoptimierung hat ganz andere Ziele, nämlich, den Einzelnen nützlicher und effizienter für die Arbeitswelt zu machen. Seien Sie also bei all Ihren Maßnahmen achtsam, ob Sie wirklich Ihnen selbst dienen oder einem anderen Zweck, der gar nicht mit Ihren Zielen übereinstimmt. Ansonsten können Sie eifrig „drauflosminimieren“: Hinterfragen Sie Ihre üblichen Arbeitsschritte und -gewohnheiten: Was davon ist wirklich sachdienlich und nützlich? Was kostet in der jetzigen Form viel Zeit, sollte aber trotzdem prinzipiell aufrechterhalten werden? Was ist überflüssig oder sogar kontraproduktiv? Seien Sie hier auch ehrlich mit sich selbst: Manche Dinge halten wir über Jahre aufrecht, weil Sie uns das Gefühl von Verantwortung und Gebrauchtwerden geben. Es kann unangenehm sein, festzustellen, dass man seit Jahren einer bestimmten Gewohnheit folgt, weil man sich selbst ein stückweit überflüssiger oder missachteter fühlen würde, wenn man es nicht täte.

Aber letztlich ist Ihnen auch das mehr Last als Nutzen, also erlauben Sie sich diesen zunächst unangenehmen Einschnitt. Denken Sie daran, dass dies Ihnen in erster Linie Zeit und Raum verschafft, an anderer Stelle wirklich positiv und produktiv tätig zu sein. Sie schreiben jeden Tag eine sorgfältig ausgearbeitete Rundmail, aber die meisten Kollegen verschieben diese ungelesen in den Papierkorb oder überfliegen sie lediglich? Dann lassen Sie es bleiben und schreiben Sie vielleicht stattdessen ein Mal pro Woche eine Mail, die dann wirklich nur Wichtiges enthält und somit auch zur Kenntnis genommen werden wird. Um sich den Nutzen dieser kritischen Bewertung vor Augen zu halten, hilft die Betrachtung des Pareto-Prinzips: Es besagt, dass 80 % der Resultate mit 20 % des Aufwands erreicht werden und umgekehrt für die verbleibenden Prozente. Fokussieren Sie sich also auf die Teile Ihrer Arbeit, die den größten Effekt haben und überlegen Sie sich, wie wichtig die verbleibenden Anteile sind und wie viel Mühe Sie dafür wirklich aufwenden möchten.

Je nachdem, wie frei Sie in der Gestaltung Ihrer Arbeit und bei der Auswahl der Aufgaben sind, beispielsweise als Selbstständiger, können und sollten Sie noch weitergehen: Fragen Sie sich bei jedem Auftrag, den Sie übernehmen, ob Sie das wirklich wollen. Macht Ihnen dieser Auftrag Spaß oder bietet er eine reizvolle Herausforderung? Können Sie ihn mit angemessenem

Aufwand gut bewältigen oder erfordert dies Anstrengungen und Mittel, die letztlich in keinem lohnenswerten Verhältnis zum Gewinn stehen? Können Sie vielleicht etwas Interessantes oder Wichtiges dabei lernen? Wenn nichts davon zutrifft, lehnen Sie ab. Je öfter Sie das tun, desto leichter wird es Ihnen fallen und der Lohn ist ganz offensichtlich: mehr Zufriedenheit, weniger Stress, mehr Zeit und mehr Erfolgserlebnisse. Dies gilt für alle Maßnahmen der Minimalisierung im Bereich der Arbeit und es ist wichtig, sich wirklich die Zeit und den Freiraum zu lassen, in Ruhe überlegt und besonnen Abwägungen vorzunehmen und am Ende Entscheidungen – vielleicht von großer Tragweite – zu treffen, die langfristig nicht nur Ihre berufliche Tätigkeit, sondern davon ausgehend Ihr ganzes Leben neu gestalten. Bedenken Sie auch: Ihre Arbeit zu reduzieren, kann im Extremfall bedeuten, sich die Möglichkeit zu verschaffen, überhaupt weiterhin arbeiten zu können. Wer sich ständig überfordert, klappt irgendwann völlig zusammen – nicht umsonst ist Burn-Out mittlerweile zu einer Art Volksleiden geworden. Durch Ihre minimalistische Arbeitsweise übernehmen Sie Verantwortung für sich selbst und alle, die mit Ihnen leben und arbeiten.

DIGITALER UND SOZIALER MINIMALISMUS

Nun bewegen wir uns von der recht konkreten, fassbaren Ebene weg zu einem weitaus abstrakteren Bereich des Lebens, in dem Minimalismus eine entscheidende Rolle spielen kann. Ganz absichtlich werden hier zwei Themenfelder zusammengebracht, die auf den ersten Blick vielleicht gar nicht viel miteinander zu tun haben, allerdings hängen Sie gerade über den Faktor der Kommunikation eng zusammen. Kaum jemand wird bestreiten, im Bereich des Medienkonsums einer gigantischen Überstimulierung ausgesetzt zu sein. Wir konsumieren täglich die verschiedensten Nachrichtenseiten und Blogs, wir sehen unzählige alberne, unterhaltsame, rührende und interessante Videos, wir lesen von den neuesten Trends in jedem Bereich des Lebens und je mehr wir sehen und lesen, desto stärker wird das Gefühl, wahnsinnig viel verpassen zu können.

Die neueste Serie, von der jeder spricht? Da wollen wir mitreden können. Ein gesellschaftliches Problem, das alle diskutieren? Sie müssen eine klare Meinung haben und diese auch anderen kundtun. Die fünf WhatsApp-Gruppen, in denen Sie sind? Natürlich lesen Sie alles mit, es könnte ja wichtig und interessant sein und dann wollen Sie darauf reagieren können. Hier beginnt die Überschneidung mit Ihrem

Beziehungsleben (hiermit sind alle zwischenmenschlichen Beziehungen gemeint, die Sie pflegen, also Partner, Freunde, Bekannte etc.). Durch soziale Netzwerke sind Sie mit weitaus mehr Menschen „bekannt", als es Ihr reales Offline-Leben je ermöglichen würde und nicht alle davon sind einfach nur stumme Punkte auf der Facebook-Freundesliste. Durch Gruppenkommunikation und -dynamik werden wir teils ganz unbewusst dazu gedrängt, Beziehungen und Kontakte aufrechtzuerhalten, die wir aus eigenem Antrieb gar nicht hätten. All dies zusammen birgt ein solch enormes Stresspotenzial, dass oft sogar der reale Arbeitsstress weit weniger belastend ist. Spätestens ab diesem Punkt sollten wir einen scharfen Schnitt setzen.

Oft ist es in diesem Bereich besonders schwierig, überhaupt wahrzunehmen, wie sehr wir uns stressen, drängen und nötigen lassen, denn schließlich amüsiert uns das zwanzigste Katzenvideo und wir freuen uns letztlich, Einladungen zu bekommen, mit Menschen in Kontakt zu stehen, die Netflix-Serie ist unterhaltsam und die Blogartikel sind interessant. Es geht also – eigentlich – um Vergnügen und wir sehen nicht ein, warum wir uns dieses Vergnügen nehmen sollten, aber meistens sind die genannten Aspekte längst zu Zwängen und Stressoren verkommen und schaden uns oft weit mehr, als sie uns nutzen. Unsere Konzentrationsfähigkeit leidet mit Smartphone auf dem Schreibtisch in erschreckendem Ausmaß, wir kennen keinen wirklichen Feierabend mehr, fokussierte, bedeutungsvolle Unterhaltungen fallen uns zunehmend schwer und auch das Aufbauen und Leben gesunder Beziehungen wird beeinträchtigt. Minimalisierung wird in diesem Bereich vielleicht so schwerfallen wie nirgends sonst und sie bringt möglicherweise einiges an unangenehmen Erkenntnissen über uns selbst mit sich, aber wenn wir uns vom Ballast in unserem Leben befreien wollen, hilft alles nichts: Wir müssen reduzieren.

Erstellen Sie eine schonungslose Analyse Ihrer Situation: Wie viel Zeit verbringen Sie täglich mit irgendeiner Form digitaler Beschäftigung? Zählen Sie wirklich ALLES: WhatsApp, Facebook, Instagram, Fernsehen, Nachrichtenseiten, E-Mails (ja, auch Arbeitsmails), Rezeptseiten, Ratgeber, Blogs, Unterhaltungsseiten, Serienstreaming, Rezensionen lesen und schreiben, die Aktionen irgendwelcher Aktivistengruppen verfolgen und was Sie sonst noch so treiben. Wenn Sie strikt und ehrlich sind, wird das Ergebnis Sie vermutlich verblüffen: Wir sind fast ununterbrochen irgendwie online und meistens ist uns das noch nicht einmal klar. Schauen Sie anschließend genauer hin, wie viel davon auf tatsächliche Kommunikation entfällt, wie viel auf bloßen Medienkonsum, wie viel auf die Art der Kommunikation, die erst einmal ins Leere sendet, wie beispielsweise Posts in sozialen Medien. Dann stellen Sie sich zwei ehrliche Fragen, deren

Beantwortung vielleicht sogar etwas unangenehm ist. Womit verbringen Sie die meiste Zeit und wie kommen Sie jeweils in die Situation, damit Zeit zu verbringen?

Grob betrachtet gibt es drei Arten von Menschen, die sich durch unterschiedliche Mechanismen zu ihrem Onlineverhalten verleiten lassen. Lassen Sie sich in erster Linie leicht ablenken und verführen? Dann sind Sie wahrscheinlich der Typ von Internetnutzer, der von einem Artikel auf den nächsten klickt, jedem Link folgt, der interessant klingt, nach dem einen Video schnell noch das nächste ansieht und irgendwann auf die Uhr schaut und verblüfft feststellt, dass Stunden vergangen sind und – noch viel schlimmer – er eigentlich jetzt schon gar nicht mehr weiß, was er da alles gelesen und gesehen hat und welche Quellen er tatsächlich genutzt hat. Die Informationspartikel verschwimmen und vermischen sich und beispielsweise Fake News haben so dank unserer Zerstreutheit ein leichtes Spiel. Andere Menschen geraten eher aus der Befürchtung, etwas zu verpassen, in den Digitalstrudel. Sie checken permanent ihre diversen Nachrichtenkanäle, WhatsApp, Telegramm, Facebook-Chat, E-Mail-Adresse – das Aufleuchten des Displays bei jeder Pop-Up-Benachrichtigung löst längst tief verankerte Reflexe aus. Wenn das auf Sie zutrifft, sollten Sie sich fragen, vor welcher Art Versäumnis Sie eigentlich Angst haben: Geht es darum, dass Sie befürchten, tatsächlich wichtige Dinge zu verpassen – etwa eine Nachricht von Kollegen oder Vorgesetzten, deren verspätete Beantwortung Ihnen Probleme machen könnte? Sind es irgendwelche anderen dringenden Benachrichtigungen, auf die Sie zeitnah reagieren müssen, beispielsweise Terminänderungen oder Mitteilungen von offiziellen Stellen wie Versicherung, Bank, Stromanbieter etc.? Oder haben Sie in erster Linie Angst, im privaten Kontext den Anschluss zu verlieren bzw. nicht immer ganz vorne mit dabei zu sein? Sorgen Sie sich ständig, ein tolles Event oder eine spannende Unternehmung zu verpassen? Wollen Sie sichergehen, in Gruppenkommunikationen einer der ersten zu sein, die reagieren, damit andere sehen, wie sehr Sie sich kümmern und interessieren? Haben Sie das Gefühl, sich auf diese Art beweisen zu müssen, um nicht ins Hintertreffen zu geraten? Eine dritte Gruppe exzessiver Internet- und Mediennutzer wird von einem nicht unähnlichen Gefühl getrieben: Sie verspüren den Zwang, sich ständig präsentieren zu müssen.

Wenn Sie zu dieser Gruppe gehören, haben Sie vermutlich eine Vielzahl von Accounts in jedem denkbaren Vernetzungsmedium, Sie sind bei Instagram, bei Twitter, bei LinkedIn, bei Facebook und wo man sonst noch überall angemeldet sein kann, um Informationen über sich selbst zu teilen und auf solche Informationen anderer Menschen zu reagieren. Diese Profile checken und pflegen Sie regelmäßig, Sie legen Wert darauf, möglichst vielen anderen zu zeigen, was für Unternehmungen Sie machen, welche Orte Sie bereisen, bei welcher gesellschaftlichen Initiative Sie Gesicht zeigen und was Sie sich heute zu Abend gekocht haben. Kurz gesagt: Sie sehnen sich nach der Anerkennung und Aufmerksamkeit anderer und wollen beweisen, dass Sie mit Ihren politischen, gesellschaftlichen und sozialen Ansichten auf der richtigen Seite stehen. Dies ist eine recht nachvollziehbare Reaktion auf die Zwänge des digitalisierten Zeitalters – Zwänge, die zunächst einmal verlockende Angebote waren, bis die Teilnahme daran mehr und mehr zur Pflicht wurde.

Es ist eine völlig normale und auch positive menschliche Grundeigenschaft, Aufmerksamkeit von anderen zu suchen – würden wir das nicht tun, wären wir keine sozialen Wesen mehr. Allerdings bedient die Online-Aufmerksamkeit dieses Bedürfnis in keiner Weise – deswegen bemühen wir uns um immer mehr davon, in der Hoffnung, irgendwann möge der erwünschte Effekt sich schon einstellen. Um sich von diesen Zwängen wieder befreien zu können, ist es leider unumgänglich, sich der eigenen Verflechtung erst einmal bewusst zu werden, und genau deshalb müssen Sie für sich erkennen und anerkennen, welche dieser Mechanismen es sind, die Sie hauptsächlich in die Onlinewelt treiben. Erlauben Sie sich dabei auch unangenehme Schlussfolgerungen: Sie sind die einzige Möglichkeit, etwas daran zu ändern. Erst, wenn Sie sich eingestehen, „Ja, mir liegt etwas daran, dass meine Arbeitskollegen und Bekannten sehen, welch tolles Urlaubsziel ich diesmal bereise.“, können Sie im nächsten Schritt sagen, „Und genau das möchte ich nicht sein, denn diese Eigenschaft empfinde ich eigentlich als unsympathisch.“ So geben Sie sich die Möglichkeit zurück, neu zu definieren, wer oder was Sie sein wollen in der digitalen Welt und als Konsequenz daraus auch in der realen. Wenn Sie also erkannt haben, welche Motivationen und Umstände Ihren Medienkonsum hauptsächlich bestimmen, fragen Sie sich als Nächstes, was eigentlich Ihren Vorstellungen entspräche, das heißt: Welchen Nutzen wollen Sie *eigentlich* aus der digitalen Welt ziehen? Inwiefern entspricht Ihr jetziges Nutzerverhalten diesem Nutzen und in welcher Hinsicht läuft es ihm zuwider? Ebenso wichtig ist die Frage: Welche Charakterzüge werden von meinem Medienverhalten gefördert und welche halte ich eigentlich für fördernswert? Und dann machen Sie sich kompromisslos ans digitale Ausmisten.

Auch hier liegt es wieder ganz bei Ihnen, wie weitreichend die Veränderungen sein sollen, denn schließlich sind sowohl Situationen als auch Bedürfnisse unterschiedlich. Überlegen Sie, was Sie am meisten stört und was dafür der beste Ansatz wäre. Es gibt hier viele Möglichkeiten, den Konsum zu begrenzen und so können Sie dies genau an Ihre Bedürfnisse anpassen. Löschen Sie beispielsweise Accounts, von denen Sie wissen, dass Sie sie zu einem Verhalten verleiten, das Sie nicht erhalten möchten. Das können Konten in sozialen Medien sein, in denen Sie sich auf eine Art präsentieren, die Ihren Wünschen und Überzeugungen gar nicht entspricht oder die unglaublich viel Zeit fressen, ohne irgendeinen tatsächlichen Nutzen zu bieten. Wenn Sie die Funktion bestimmter Onlineprofile schätzen, wie zum Beispiel unkompliziert Inhalte zu teilen, misten Sie Ihre Freundesliste aus, und zwar nicht nur halbherzig, sondern tatsächlich in Übereinstimmung mit der analogen Welt: Behalten Sie nur als Kontakt, mit wem Sie auch in Ihrem realen Leben tatsächlich in Kontakt stehen – schreiben und teilen Sie also nur mit Menschen, mit denen Sie auch sprechen würden. Dadurch fällt automatisch der Zwang weg, sich auf eine bestimmte vorteilhafte Weise präsentieren zu müssen, die aber nicht mehr als eine Fassade und damit auf Dauer ziemlich kraftraubend ist.

Gleichzeitig ist dies ein gesunder, vernünftiger Weg, sich zwischenmenschliche Aufmerksamkeit zu verschaffen und auch zu geben, was ursprünglich der Antrieb für ausuferndes Netzwerkverhalten ist. Ein anderer Ansatz ist, sich täglich nur eine bestimmte Zeitspanne zuzugestehen, die online verbracht werden darf. Das empfiehlt sich vor allem, wenn Sie mit Ihrem Nutzungsverhalten nicht prinzipiell unzufrieden sind, aber einfach zu viel Zeit mit Onlineaktivitäten verbringen. Sie können ebenfalls bestimmte

Offlinezeiten festlegen, also Perioden in Ihrem Tagesablauf, die Sie völlig ohne Handy, Laptop etc. verbringen. Dieser Ansatz ist besonders wirksam, wenn Sie jemand sind, der aus Angst, etwas Wichtiges zu verpassen, pausenlos all seine Nachrichtenkanäle prüft. Alternativ: Wenn Sie speziell von Ihrer Arbeit gestresst sind und vor allem aus diesem Grund ständig erreichbar, verfügbar und am Nachrichtenprüfen sind, dann setzen Sie sich einen Zeitpunkt, nach dem Sie die Arbeit für diesen Tag aus Ihrem Bewusstsein verbannen. Legen Sie eine Zeit fest, zu der Sie alles erledigt haben müssen und was Sie nicht erledigt haben, wird dann eben erst morgen erledigt. Auch, wenn Sie es sich kaum mehr vorstellen können: Es wird kein großes Unglück geschehen, wenn Sie auf eine wichtige Mail nach Feierabend eben nicht mehr antworten. Besonders leicht fällt dies, wenn man gesonderte Mailadressen und auch Telefonnummern für Arbeit und Privates hat.

Wer keine zwei Smartphones mit sich herumschleppen will, kann oft auch auf einem Gerät mehrere Profile installieren. Ein weiterer Ansatz ist es, einmal am Tag E-Mails zu bearbeiten, bis das Postfach leer ist. Manche Mails gehören beantwortet, andere in einen Ordner für später verschoben, andere zur Kenntnis genommen und dann gelöscht – und wenn der Posteingang leer ist, sind Sie für diesen Tag damit fertig. Je nachdem, wie spezifisch Ihr exzessives

Onlineverhalten ist, können Sie auch einzelne Regelungen für einzelne Apps oder Programme treffen: Legen Sie z. B. eine Stunde am späten Nachmittag fest, die Sie mit Chats wie WhatsApp verbringen. Sie werden rasch feststellen: Alles, was wirklich zählt und Bedeutung hat, lässt sich damit leicht erledigen. Was wegfällt, ist leere Kommunikation, die meistens keinen anderen Zweck hat, als sich irgendwie zu melden und irgendwie auf Tuchfühlung zu bleiben. Fokussierte, bewusst geplante und dann auch bedeutungsvolle Kommunikation schafft um einiges mehr Verbindung, als es die ständigen kleinen (oft lustlosen) Zwischennachrichten je könnten. Für das Lesen oder Ansehen von verschiedenen Inhalten ist es eine gute Idee, das Internet zielgerichtet zu nutzen: Suchen Sie also bewusst und vorsätzlich nach einem Text, wenn Sie über ein bestimmtes Thema etwas lesen wollen, anstatt sich von den präsentierten Inhalten zu weiteren Inhalten leiten zu lassen. Verlassen Sie die passive Konsumrolle, in der Inhalte über Sie hereinbrechen, die Sie dann aufsaugen wie ein Schwamm.

Werden Sie stattdessen aktiv und nutzen Sie Inhalte genau Ihren Bedürfnissen entsprechend. Eine weitere Idee: Social Media nur noch am Laptop nutzen. Dadurch fällt ganz automatisch das ständige Zwischendurchchecken weg. Machen Sie ebenfalls Gebrauch von verschiedenen Modi und Funktionen Ihres Smartphones. Flugmodus, Nicht-Stören-Modus oder

Notifikationen ausschalten sind nützliche Erfindungen, die Ihnen bei der digitalen Minimierung eine große Hilfe sein können, weil Sie Ihnen die Kontrolle über Ihr Onlineverhalten zurückgeben. Eine absolut empfehlenswerte Grundregel für alle als letzten Ratschlag: Schalten Sie alle Notifications aus. Wirklich alle. Es ist deutlich erwiesen, dass dieses ständige Aufleuchten und Aufpoppen unsere Konzentration stört wie kaum etwas anderes. Der Grund ist, dass wir mit dem angeschalteten Handy neben uns auf dem Schreibtisch in einem Teil unseres Gehirns ununterbrochen auf das nächste Signal warten, das uns einen Grund gibt, das Ding wieder in die Hand zu nehmen – auch, wenn möglicherweise stundenlang gar keine neue Nachricht kommt. Nutzen Sie all diese Maßnahmen, um letztlich die Kontrolle über Ihr Leben zurückzubekommen – denn wie Sie beim Lesen vielleicht gemerkt haben, ging Ihnen auf subtile Weise genau diese Kontrolle verloren.

Nun geht es im nächsten Schritt mit der Beziehungsebene weiter und hier besteht natürlich ein enger Zusammenhang mit Ihrem Onlinekommunikationsverhalten. Freundeslisten ausmisten wurde bereits empfohlen und eventuell ist es nötig, dieses Ausmisten auch auf die analoge Welt zu übertragen. Denken Sie einmal darüber nach, ob es Bekanntschaften gibt, die Sie eigentlich nur pflegen, weil dies entweder den Erwartungen anderer entspricht oder eben eine

Gewohnheit ist oder weil Sie sich scheuen, diese Bekanntschaften zu beenden. Überlegen Sie ebenfalls, ob diese Bekanntschaften vielleicht auch letztlich nur durch ungesundes Onlineverhalten zustande gekommen sind. Zwei Konstellationen sind problematisch: Zum einen eine zu große Zahl an Bekanntschaften, die dazu führt, dass Sie sich verzetteln, ständig am Eilen und Hetzen sind, weil jeder Kontakt schließlich gepflegt werden muss und die schiere Masse einfach zu viel ist. Diese Vielzahl an – gezwungenermaßen – oberflächlichen Beziehungen macht es fast unmöglich, auch tatsächlich wertvolle Kontakte zu pflegen, denn das braucht Zeit und Hingabe. Das zweite Problem besteht in einzelnen Bekanntschaften, die in Ihrer Art kraftraubend sind. Vielleicht haben Sie eine Freundin, die Sie schon lange kennen, aber wenn Sie ehrlich sind, ist die Beziehung zu ihr längst nicht mehr das, was sie einmal war. Sie teilen kaum mehr Interessen, Ihre Alltagsrealitäten haben sich voneinander entfernt und eigentlich erhalten Sie den Kontakt nur noch aus Pflichtgefühl aufrecht.

Oder Sie haben einen Bekannten, den Sie in einer bestimmten Situation kennengelernt und sympathisch gefunden haben, aber mehr und mehr stellte sich heraus, dass er eigentlich an Ihnen kein Interesse hat, sondern vor allem über sich und sein Leben monologisieren möchte. Wenn Sie solche Beziehungen haben, sind Fingerspitzengefühl und Besonnenheit gefragt: Ist die

Beziehung zu diesem Menschen grundsätzlich nichts, was mir guttut und mein Leben bereichert oder ist es einfach gerade eine etwas schwierige Phase? Nehme ich an, dass in diesem Kontakt ein tieferer Wert liegt oder weiß ich eigentlich genau, dass dies nicht der Fall ist? Erhalte ich den Kontakt vornehmlich aufrecht, weil ich weiß, dass andere dies erwarten? Wenn Sie hierbei zu klaren Antworten kommen, sollten Sie nicht zögern, den Erkenntnissen dann auch zu folgen. Es kann schwierig und unangenehm sein, sich aus solchen Beziehungen zu lösen, aber der Schaden, der entsteht, wenn Sie es nicht tun, ist immens. Schädliche Beziehungen sind kraftraubend, anstrengend, drücken die Stimmung und halten uns davon ab, unsere Energie in Verbindungen zu stecken, die wertvoll und kostbar sind. Halten Sie sich vor Augen, um was Sie sich betrügen, wenn Sie Ihren Empfindungen hier nicht folgen, und machen Sie sich selbst dieses Geschenk. Ihre wirklichen Freunde werden es Ihnen danken. Übrigens: Manchmal ist eine solche „Trennung“ gar nicht so schwierig, wie man vermutet. Nicht selten geht es dem anderen ähnlich und dann profitieren beide Seiten von dieser Form der Minimalisierung. Es braucht dann auch nicht unbedingt einen klaren Schnitt, den viele fürchten, sondern man lässt die Sache sozusagen in beiderseitigem Einvernehmen ausschleichen.

MINIMALISMUS MIT KINDERN ODER UNMINIMALISTISCHEN PARTNERN – GEHT DAS?

Zum Abschluss der großen Themenbereiche des Lebens, die durch den Minimalismus grundlegend verändert werden können, kommt nun noch ein Punkt, der nur für eine besondere Zielgruppe relevant ist: Menschen mit Kindern, die minimalistisch leben möchten oder solche Menschen, die einen minimalisierungsunwilligen Partner haben. Beginnen wir einmal mit der Frage nach der Vereinbarkeit von Kindern und Minimalismus. Zunächst erscheint dies wie ein Widerspruch oder zumindest wie eine große Herausforderung und natürlich gibt es gewisse Grenzen. Allerdings ist ein solches Leben durchaus nicht unmöglich, weswegen hier kurz darauf eingegangen werden soll, wie es ermöglicht werden kann, worauf besonders zu achten ist und wie Kinder sogar davon profitieren können („kurz" deswegen, weil man diesem speziellen Thema sicherlich ein ganzes Buch widmen könnte).

In erster Linie hängt dies natürlich vom Alter der Kinder ab: Je jünger sie sind, desto eher nehmen sie als Lebensmodell ungefragt entgegen, was ihnen nun einmal geboten wird. Schwieriger wird es in den Phasen, in denen Kinder lernen, sich selbst und die Konzepte „meins" und „deins" zu begreifen, was meistens zunächst einmal hauptsächlich „meins" bedeutet. Dies passiert üblicherweise ab dem Ende des zweiten Lebensjahrs und dann wird das Aushandeln von Besitzverhältnissen zunächst oft zu einem Kampf. Natürlich wird es zunehmend komplizierter, wenn der Nachwuchs immer mehr mit anderen Kindern in Kontakt kommt und sich und seinen Besitz vergleicht. Schon aus diesem Grund empfiehlt es sich, Minimalismus möglichst früh als Familienlebensweise zu etablieren. So kann man von Anfang an bestimmte Werte und Regeln vermitteln und einüben, die auch in späteren Phasen das Gelingen eines minimalistischen Familienlebens sichern. Dann gibt es einige Maßnahmen und Ideen, die es sehr erleichtern, Kinder zu minimalistischem Verhalten zu erziehen und zu motivieren.

Der erste Punkt: Ordnung. Ohnehin eines der anstrengendsten Themen mit kleinen Kindern ist das ständig chaotische Kinderzimmer. Viele Eltern werden an dieser Stelle mit den Augen rollen und sich wünschen, das Durcheinander möge sich wenigstens auf das Kinderzimmer beschränken, denn meistens verteilt sich der Kinderbesitz rasch und immer wieder aufs Neue im ganzen Haus. Legen Sie für die Sachen Ihrer Kinder fest, was auch für Ihre Besitztümer gilt: Alles hat seinen Platz und dorthin wird es nach Gebrauch auch wiedergebracht – immer und ohne Ausnahme. Auch, wenn dafür viel Geduld vonnöten ist, sollten Sie dieses Verhalten mit Ihrem Kind von Anfang an einüben.

Erinnern Sie es stets daran, schon bei Spielbeginn auch mit zu bedenken, dass noch Zeit fürs Aufräumen bleiben muss. Die Sache wird leichter, wenn die Verstaumöglichkeiten kindgerecht organisiert sind: Ihr Kind sollte gut an seine Sachen heranreichen können, das System sollte logisch und leicht zu verstehen und vor allem beständig sein. Beteiligen Sie den Nachwuchs so viel wie möglich an allen diesbezüglichen Entscheidungen und fragen Sie ihn beispielsweise, wo er denn die Holzklötze am liebsten aufbewahren möchte und wo die Malsachen hinkommen sollen. Verwenden Sie Kisten und Schachteln, um Ordnung in kleinteiliges Spielzeug zu bekommen, und ermuntern Sie Ihr Kind, diese beispielsweise zu bemalen oder zu bekleben. Je mehr Bezug es selbst zum Ordnungssystem verspurt, desto eher wird es sich diesem verpflichtet fühlen.

Heben Sie auch stets die Vorteile hervor und machen Sie Ihrem Kind deutlich, dass zum Beispiel ein leerer Fußboden und ein freigeräumtes Wohnzimmer viel mehr Platz zum Spielen und Toben bieten. Wenn es um die Menge an Besitz selbst geht, ist es empfehlenswert, ein klares System zu entwickeln, das Kinder verstehen können und an das sich auch gehalten wird. Beispielsweise können Sie jedem Kind eine bestimmte

Anzahl von Spielzeugen zugestehen. Wenn es etwas Neues möchte, muss etwas anderes dafür aussortiert werden. So lernen Kinder, Entscheidungen zu treffen, die über kurzfristige Impulse hinausgehen. Wenn Sie den Minimalismus in einem bereits überfüllten Kinderzimmer einführen möchten, gilt umso mehr, dass Ihre Kinder weitgehend in diesen Prozess miteinbezogen werden. Lassen Sie Ihr Kind entscheiden, welche Spielsachen aussortiert werden sollen und helfen Sie ihm dabei, ein Konzept zu entwickeln, mit dem es gut entscheiden kann. So kann es etwa bei jedem Gegenstand überlegen, wie oft es damit spielt und wann es das letzte Mal damit gespielt hat. Die Kistenmethode kann sich hier sehr bewähren: Nehmen Sie Ihrem Kind zunächst nichts weg, sondern packen Sie alles in Kisten. Aus diesen Kisten darf es sich in der nächsten Zeit ungehindert bedienen und nach einiger Zeit können Sie gemeinsam nachsehen, was noch unberührt darin liegt. Dies führt auch Ihrem Kind deutlich vor Augen, dass es manche Sachen gar nicht mehr verwendet, wodurch es eher bereit ist, sie herzugeben, vor allem, wenn es selbstständig diese Entscheidung treffen darf.

Fördern Sie es dabei, zu erkennen, wie viel Dinge wir wirklich benötigen und wie viel oft überflüssig ist. Ein kleiner Euphoriedämpfer: So minimalistisch wie Erwachsene werden Kinder niemals leben, allein schon, weil ihre – gerade zu Beginn – rasante Entwicklung ständig neue Dinge nötig macht. Bestes Beispiel ist Kinderbekleidung, die manchmal nicht länger als ein paar Monate passt, aber auch Spielzeug ist oft nicht besonders lange tauglich: Bauklötze eines Zweijährigen entsprechen einfach nicht mehr dem Entwicklungsstand eines Vierjährigen und altersgerechtes Spielen ist einer der wichtigsten Punkte für eine gesunde Entwicklung. Deshalb ist es umso ratsamer, Kinder schon früh zu Beschäftigungen zu motivieren, die alters- und gegenstandsunabhängig sind: Ermuntern Sie Ihren Nachwuchs zum Sporttreiben im Verein, das ist eine Beschäftigung, die im Idealfall ein ganzes Leben lang aufrechterhalten werden kann und bis auf neue Bekleidung oft keine Gegenstände erfordert. Auch das Spielen mit anderen Kindern, gerade in Kombination mit Bewegung, geht ganz ohne Spielzeug und wenn einmal etwas benötigt wird, müssen eben ein Ast, ein Topf, ein Schneckenhaus oder ein Kissen herhalten. Dies fördert ganz nebenher Kreativität und Adaptionsfähigkeit und spart zudem eine Menge Geld. Für die Dinge, die aber nun einmal gekauft werden müssen, gibt es zahlreiche Möglichkeiten, sie gebraucht zu erstehen oder zu tauschen.

Was Sie hier an Optionen haben, wird in den anschließenden praktischen Empfehlungen genauer erläutert. Wenn Sie dann in die schwierige Phase kommen, in der Gleichaltrige im Kindergarten oder in der Schule zunehmend Einfluss auf die Wünsche und Vorstellungen Ihrer Kinder nehmen, brauchen Sie vor allem Geduld, Beständigkeit und auch eine gewisse Bereitschaft, Dinge in Frage zu stellen oder Abweichungen zu akzeptieren. Sorgen Sie von Anfang an dafür, dass Ihre Kinder die Werte, nach denen Sie leben, in altersgerechter Form kennen und begreifen. Wenn Sie Ihrem Kind früh beibringen, dass viel Besitz nicht glücklich macht, dass viele Dinge weggeworfen werden und darunter die Umwelt leidet und dass durch weniger Spielzeug mehr Geld für schöne andere Dinge übrig ist, erhöht das die Chancen, dass es diese Werte selbst für sich übernimmt. Das hat natürlich oft noch keine besondere Beständigkeit. Wenn das Kind im Kindergarten bei einem Spielkameraden ein tolles Spielzeug entdeckt, das es unbedingt haben möchte, wird es vermutlich trotzdem mit trotzigen Forderungen nach Hause kommen. Hier sind dann Geduld und Widerstandsfähigkeit gefragt: Machen Sie klar, dass in Ihrer Familie bestimmte Regeln und Werte gelten und dass diese aufrechterhalten werden. Ist ein bestimmter Wunsch beständig, stellen Sie Optionen zur Verfügung, z. B. das Eintauschen gegen ein anderes Spielzeug oder eine Wunschliste für besondere Anlässe.

Abweichungen zu akzeptieren, wird vor allem mit dem Erreichen des Teenageralters und der Pubertät wichtig: Seien Sie hier – im Interesse Ihres Kindes und auch in Ihrem eigenen Interesse – nicht starr und unflexibel mit eisernen Überzeugungen. Dies ist nun einmal eine Phase, die definiert wird über den Vergleich mit anderen und die Zugehörigkeit zu Gruppen. Halten Sie an Ihren grundsätzlichen Überzeugungen fest und vermitteln Sie diese Ihrem Kind beständig und geduldig, aber verbieten Sie nichts dogmatisch, was für die Alltagsrealität Ihres Kindes eben eine wichtige Rolle spielt, auch, wenn es Ihnen selbst nicht zusagt. Fragen Sie sich hier stets, ob Sie größeren Schaden anrichten, wenn Sie strikt auf Ihre Regel bestehen oder wenn Sie nachgeben bzw. Kompromisse eingehen. Es hilft, im Kopf zu behalten, dass Sie mit liebevoller, konsequenter und nachvollziehbarer Erziehung bis zu diesem Alter bereits einen solch verlässlichen und festen moralischen Grundstein gelegt haben, dass Ihr Kind – auch, wenn es jetzt ein bestimmtes albernes Gadget unbedingt haben muss – die Werte, die Ihnen am Herzen liegen, bereits verinnerlicht hat. Pubertät und Jugend gehen schließlich vorbei und danach wird Ihr Kind sich selbst ein Leben einrichten, das in nicht unerheblichem Ausmaß auf dem aufbaut, was Sie ihm jahrelang gelehrt und vorgelebt haben. Minimalistisch leben ist mit Kindern also durchaus möglich und darüber hinaus können Sie sogar in vielerlei Hinsicht davon profitieren, weil Werte und Verhaltensweisen vermittelt werden, die das ganze Leben lang Bestand haben können – ganz abgesehen von der organisatorischen und finanziellen Vereinfachung des Familienlebens, die Ihnen die Möglichkeit gibt, sich auf das zu konzentrieren, was Ihnen dabei wirklich wichtig ist.

In gewisser Hinsicht schwieriger und als Thema nur kurz zu streifen ist die Frage, wie Minimalismus lebbar ist, wenn man einen Partner hat, der nicht minimalistisch leben möchte. Die Kurzform: Das wird entweder recht problemlos oder ziemlich schwierig. Es gibt in diesem Fall zwei Situationen, die eintreten können: Entweder stört Ihr Partner sich in keiner Weise an Ihrer Neustrukturierung und Sie schaffen es, bei allem eine klare Trennlinie zu ziehen. Das ist einfach, wenn Sie nicht zusammenleben, doch wenn Sie gemeinsamen Wohnraum teilen, müssen Sie sich sehr genau abstimmen. Von allen benötigten Bereichen ist dann die eine Hälfte Ihr Bereich und die andere Hälfte der Ihres Partners. In Ihrem Teil können Sie aufräumen, ordnen und reduzieren, so viel Sie möchten und vom Bereich Ihres Partners lassen Sie die Finger. Das gilt natürlich genauso umgekehrt. Dass diese Art funktioniert, setzt erstens voraus, dass Sie beide mit den Empfindungen und Wertvorstellungen des anderen respektvoll und achtsam umgehen und seine Vorstellungen als genauso wichtig und richtig einschätzen wie die eigenen. Zweitens verlangt es von Ihnen, dass es für Ihr Bedürfnis nach Klarheit, Ordnung und Übersicht ausreicht, wenn diese sich auf Ihren Bereich beschränken – und je nachdem, wie deutlich die Bereiche räumlich abgetrennt sind, kann es bedeuten, dass Sie das Chaos Ihres Partners trotzdem noch sehen.

Sie erhöhen die Chancen, dass dieses Experiment funktioniert, wenn Sie die Möglichkeit haben, hauptsächlich separate Räume zu wählen. Für gemeinsam genutzte Bereiche wie Küche und Bad sollten Sie eine möglichst ordentliche und gut strukturierte gemeinsame Lösung finden – hier kann meistens jeder mit einem gewissen Ordnungssystem leben, da es nicht in erster Linie um die persönliche Wohlfühlatmosphäre geht. Wahrscheinlich werden Sie einen größeren Teil der Aufräumarbeit erledigen als Ihr nicht minimalistischer Partner, aber wenn dies das einzige Problem bleibt, sollten Sie keine Schwierigkeiten haben. Wirklich kompliziert wird es, wenn die gegenseitige Toleranz fehlt oder die räumliche Trennung nicht gelingt. Ich möchte Sie nicht entmutigen, aber wenn Ihr Partner Minimalismus als eine dumme Idee ansieht, ihm kahle Wände und leere Zimmer ein Graus sind und er große Freude an einer Vielfalt kleiner Dinge hat, dann dürfte Ihr Minimalismus zur kaum bestehbaren Belastungsprobe werden. Diese Abneigungen sind so grundsätzlich, dass sie nicht Halt machen werden bei der Diskussion um ein leeres Regalbrett. Viel wahrscheinlicher ist es, dass noch sehr viel mehr Trennendes auftaucht.

Die Vorstellungen des anderen werden zur nervtötenden Marotte, jede Tasse, die Sie wegwerfen, wird Ihrem Partner eine Provokation sein, jedes neue Erinnerungsstück, dass er auf dem Fensterbrett anhäuft, kommt Ihnen vor wie ein Versuch, Ihre Bemühungen zu sabotieren. Spannungen sind in der Regel vorprogrammiert. Glücklicherweise teilen Partner oft ähnliche Ideale und Vorstellungen, sodass die Konstellation Minimalismushasser und Minimalismusliebhaber vermutlich nicht allzu oft auftritt, aber wenn doch, müssen Sie sich ehrlich fragen, wo die Grenzen liegen. Vielleicht empfiehlt es sich in Ihrer Beziehung ganz grundsätzlich nicht, zusammenzuleben, und womöglich ist auch in der Beziehung selbst etwas im Argen. Wägen Sie hier ganz genau ab, wo Ihre Prioritäten liegen – auch langfristig –, und treffen Sie verantwortungsvolle, tragfähige Entscheidungen.

AUSMISTEN, AUFRÄUMEN, EINKAUFEN – PRAKTISCHE KONZEPTE UND RATSCHLÄGE FÜR DIE TÄGLICHE UMSETZUNG

Nun haben Sie den Minimalismus prinzipiell und als Idee bereits in jedem Teil Ihres Lebens Einzug halten lassen – Gratulation! Dies ist letztlich der schwierigste Teil, denn es geht um grundsätzliche Änderungen in Ihrer Denkweise und Lebensführung. Sie haben Konzepte, Ideen und Überzeugungen entwickelt, die ein stabiles Fundament für die Ausrichtung Ihres gesamten Lebens darstellen, was eine nicht unerhebliche Leistung ist. Nun kommt der Teil, der vielleicht noch am aufwendigsten ist, aber letztlich nicht vielmehr als praktische Arbeit bedeutet: Sortieren Sie aus. Dafür brauchen Sie nicht viel mehr als Zeit, Geduld, Müllsäcke und Kartons, Beständigkeit beim Umsetzen Ihrer Ideale und vielleicht einige nützliche praktische Tipps. Außerdem geht es natürlich nicht nur darum, Überflüssiges nun endlich loszuwerden, sondern mindestens genauso wichtig ist Ihr zukünftiges Konsumverhalten. Für beide Bereiche möchte ich Sie nun im letzten Teil dieses Buches mit hilfreichen und nützlichen Handreichungen versorgen, die Ihnen das Leben als Minimalist so angenehm und einfach wie möglich machen sollen.

KANN DAS WEG? – MINIMALISTISCH AUSMISTEN UND ENTRÜMPELN

Beginnen wir mit der großen Herausforderung des Ausmistens. Hier kommen Sie an den schmerzlichen Punkt, sich tatsächlich von Dingen – womöglich von vielen Dingen - trennen zu müssen. Die Rahmenbedingungen und den Umfang, in welchem Sie sich von unnötigem Besitz trennen wollen, haben Sie bereits festgelegt. Jetzt geht es um die konkreten Entscheidungen – Objekt für Objekt. Um Ihnen diese Entscheidungen zu erleichtern, gibt es glücklicherweise eine Reihe von Techniken und Methoden, die dabei helfen, Fehlentscheidungen zu vermeiden und sich zu überwinden, Dinge herzugeben. Die beliebtesten und bewährtesten werde ich Ihnen nun vorstellen.

BEHALTE, WAS DICH GLÜCKLICH MACHT – ORDNUNG NACH DEN KONZEPTEN VON MARIE KONDO

Beginnen wir mit einem Ansatz, der seit einigen Jahren in aller Munde ist: die KonMari-Methode. Diese bietet eine Anleitung sowohl für das Aussortieren von unnötigem Besitz als auch für die Einrichtung von Ordnungssystemen, die langfristig Bestand haben und Ihnen Überblick und Klarheit verschaffen. Erfinderin der Methode ist die japanische Aufräum-Queen Marie Kondo, die über ihre Methoden der

Ordnungsschaffung nicht nur Bücher geschrieben hat, sondern damit so populär wurde, dass es mittlerweile eine eigene Netflix-Serie darüber gibt. Sie hat einige Grundlagen und Konzepte entwickelt, die zum Teil zunächst etwas wunderlich wirken, aber offensichtlich äußerst effizient und beliebt sind – gemessen an der Zahl ihrer Anhänger. Für das Ausmisten empfiehlt sie, in Kategorien und nicht etwa nach Räumen vorzugehen. Man soll mit dem Kleiderschrank, genauer gesagt mit dem gesamten Kleidervorrat inklusive Garderobe, Dachboden etc., beginnen, sich dann zum Büchervorrat vorarbeiten, anschließend Unterlagen und Papiere sortieren, schließlich den Kleinkram, von ihr „Komono" genannt, in Angriff nehmen und sich ganz zuletzt mit Erinnerungsstücken beschäftigen. Diese Reihenfolge hat einen guten Grund, denn so arbeitet man sich von Dingen, bei denen einem das Aussortieren leichter fällt, zu Dingen vor, die einen vor größere Herausforderungen stellen.

Gerade den Kleiderschrank misten die meisten Menschen ohnehin immer wieder aus, wenngleich auch vermutlich weniger gründlich, als die KonMari-Methode es vorsieht, aber zumindest ist es keine völlig neue Herausforderung. Der schwierigste – weil am meisten emotional behaftet – Teil der Erinnerungsstücke kommt dann zum Schluss. Wenn Sie die einzelnen Objekte dann darauf hin prüfen, ob Sie weiter Teil Ihres Besitzes sein dürfen oder entsorgt werden sollen, empfiehlt Marie Kondo genau ein Kriterium, das zunächst einmal verblüffend wirkt: Behalten Sie nur Gegenstände, die Ihnen ein gutes Gefühl geben. Nehmen Sie alles in die Hand und achten Sie auf die erste unmittelbare Empfindung diesem Gegenstand gegenüber: Positiv oder negativ? Danach richten Sie sich kompromisslos. Wenn Ihnen das nun nicht besonders sinnvoll erscheint, weil Sie etwa einen Staubsauger nicht aus Zuneigung besitzen, sondern weil er einen ganz bestimmten Zweck erfüllt: Sie werden merken, dass diese Dinge meistens übereinstimmen.

Eine Sache, die Ihnen tatsächlich hilfreich und nützlich ist, wird eine Art von positivem Gefühl erzeugen. Und wenn Sie bei einem anderen Gegenstand tatsächlich Ablehnung verspüren, obwohl Sie glauben, ihn dringend zu benötigen, sollten Sie nach dieser Methode unbedingt Ihrem Bauchgefühl folgen. Die Idee dahinter ist, sich letztlich nur noch mit Gegenständen zu umgeben, die irgendeine Art von Glücksgefühl erzeugen, denn das soll auch uns glücklicher und zufriedener machen. Die Dinge, die bleiben, müssen nun einen festen Platz zugewiesen bekommen. Hierbei greift die Expertin besonders gerne auf Schachteln und Kisten zurück, um auch optisch größtmögliche Ordnung einziehen zu lassen. Nehmen Sie sich ausreichend Zeit bei dem Prozess, allen Dingen ihren festen Platz zuzuweisen, denn hiermit legen Sie den Grundstein dafür, auch künftig ein aufgeräumtes Zuhause zu haben und täglich nur wenige Minuten dafür aufbringen zu müssen. Wenn die Dinge einen festen Platz gefunden haben, ist das richtige Verstauen entscheidend: Für diesen Zweck hat Marie Kondo eine ganz spezielle Falttechnik für Kleidung und auch für Unterwäsche und Socken entwickelt, die leichten Zugriff und optimale Übersichtlichkeit ermöglicht. Sehen Sie hierzu am besten eine genaue Darstellung im Internet an, um die präzise Form der Päckchenfaltung zu erlernen. Übrigens: Schubladen – ebenso sehr geschätzte Verstaumöglichkeiten – sollten Sie nur jeweils zu ca. 90 % befüllen, so lassen sie sich leicht öffnen und schließen und Sie vermeiden die Gefahr, beim mühsamen Herauszerren alles wieder in Unordnung zu versetzen.

Außerdem empfiehlt die Expertin, hellere Farben vorne und dunklere hinten einzuordnen, denn so werden Sie beim Aufziehen der Schubladen von einer „Glückswelle" überrollt. Ein abschließender Ratschlag, der zunächst gewöhnungsbedürftig klingt: Bedanken Sie sich bei Ihren Gegenständen. Sagen Sie Danke zu dem alten T-Shirt, das Sie jahrelang gerne angezogen haben und nun aber aussortieren, und bedanken Sie sich bei Ihren Schuhen, weil diese Sie den ganzen Tag durch die Gegend tragen. Auch, wenn es amüsant klingt: Die Idee ist, dass Sie auf diese Weise Dankbarkeit für Ihren Besitz lernen, wodurch Sie ihn bewusster wahrnehmen und schätzen lernen. Probieren Sie einmal aus, wie es sich anfühlt, nur noch von Dingen umgeben zu sein, die Freude bereiten und für die Sie dankbar sind – dies ist vermutlich eine ganz neue und durchaus erfreuliche Erfahrung.

JA – NEIN – VIELLEICHT: DIE „DREI-KISTEN-METHODE"

Hier kommt eine weitere effiziente und nützliche Methode, wie Sie in sämtlichen Bereichen Ihres Haushalts ausmisten und entrümpeln können: die 3-Kisten-Methode. Bereits zum Einstieg wurde im Zusammenhang mit der Kleiderchallenge die Methode des „Aus-Kisten-leben" angesprochen. Wenn Sie damit bereits experimentiert haben, dürften Sie zumindest schon ausreichend Kisten zur Verfügung haben. Hier kommt die Idee dahinter: Teilen Sie all Ihren Besitz in drei Kategorien, sortieren Sie ihn also in drei unterschiedliche Kisten ein.

Vermutlich wird nicht alles, was Sie haben, in drei Kisten passen, also machen Sie eher drei Kistengruppen daraus oder gehen Sie alternativ Bereich für Bereich durch, also erst einmal Kleidung, dann Küchenutensilien, dann Badartikel, dann Deko etc. Wichtig ist, dass letztlich jeder Gegenstand in eine der drei Kategorien eingeordnet wird. Erste Kiste: Hier hinein kommt alles, was weg kann. Der Inhalt dieser Kiste wird kompromisslos entsorgt, also sortieren Sie hier alles ein, was kaputt, zerschlissen, unvollständig und in irgendeiner Weise nicht mehr brauchbar ist. Ein guter Richtwert ist die Zeit, wie lange Sie die Gegenstände nicht mehr benutzt haben: Länger als 12 Monate Unangetastetes ist in der Regel ein guter Kandidat. Bei der Entsorgung des Inhalts dieser Kiste sollten Sie sich nicht lange Zeit lassen, denn je länger sie bei Ihnen herumsteht, desto größer wird die Gefahr, dass doch immer wieder Dinge daraus hervorwandern oder in die zweite Kiste umgesiedelt werden. Diese nämlich wird mit Dingen gefüllt, die Sie selbst zwar nicht mehr behalten wollen, die für andere Menschen aber durchaus noch von Nutzen sein könnten.

Hier müssen Sie sich vielleicht selbst streng auf die Finger schauen, damit Sie nicht reihenweise Dinge in diese zweite Kiste räumen, die eigentlich in der ersten besser aufgehoben wären, einfach, weil es Ihnen schwerfällt, sich wirklich davon zu trennen. Schätzen Sie die Wahrscheinlichkeit, dass die Objekte von jemand anderem in absehbarer Zeit benötigt werden, realistisch ein: Die fünf verbliebenen Figuren von dem schönen Glasschachspiel, die schließlich nicht kaputt sind? Theoretisch könnten jemandem genau diese Figuren fehlen, aber wenn Sie ehrlich sind – eher ab damit in die erste Kiste. Setzen Sie sich anschließend eine Frist für die „Entsorgung" des Inhalts dieser Kiste: Versuchen Sie, vier Wochen lang alles auf Flohmärkten, bei Ebay etc. loszuwerden, spenden Sie Kleidung ans Rote Kreuz und bieten Sie Bekannten an, sich davon zu nehmen, was sie möchten und was nach vier Wochen noch da ist, kommt in den Müll. Kiste Nummer drei ist nun Ihr persönlicher Schatz: Hier kommt alles hinein, was Sie behalten möchten, und zwar, weil Sie dafür einen guten Grund finden: Ein Gegenstand ist nützlich, Sie verwenden ihn oft, er bereitet Ihnen Freude und es gibt auch keine zehn weiteren davon. Wenn Sie nun feststellen, dass ein erschreckend großer Teil in dieser dritten Kiste landet, hilft ein Trick: Lagern Sie die Zweifelsfälle auf dem Dachboden oder irgendwo anders außerhalb Ihres Sichtfeldes und holen Sie bei Bedarf daraus hervor, was Sie benötigen. Sehen Sie nach einiger Zeit nach, was noch dort verblieben ist: Das kann ziemlich sicher weg.

DAS SCHLIMMSTE ZU BEGINN – DIE „EAT-THE-FROG-FIRST-METHODE"

Der Name weist schon daraufhin, um was es bei dieser Methode geht: Beißen Sie gleich zu Beginn in den sauren Apfel, und zwar mit voller Kraft. Diese Vorgehensweise eignet sich besonders für Menschen, denen ein Neustart am leichtesten fällt, wenn sie sich gleich und vollständig ins kalte Wasser stürzen. Die Idee: Wenn Sie mit einer besonders großen Herausforderung starten, kann alles, was danach kommt, nicht mehr so schlimm sein. Auf das Ausmisten übertragen: Wählen Sie einen Gegenstand – ganz gleich, ob

Kleidungsstück, Einrichtungsgegenstand, Gemälde, Erinnerung, Küchenutensil –, von dem Ihnen die Trennung wahnsinnig schwerfällt, von dem Sie aber gleichzeitig wissen, dass Sie ihn eigentlich wirklich nicht brauchen. Das teure Kleid, für das Sie vor Jahren haarsträubend viel Geld ausgegeben haben, weil Sie es wunderschön fanden, es seitdem aber nie getragen haben, weil es Ihnen entweder nicht passt oder nicht steht oder Sie einfach keine Gelegenheit haben, zu der Sie es tragen könnten? Ein perfekter Kandidat. Das teure Porzellan, das nur im Schrank steht, weil Sie es nie verwenden, das aber auch noch nie entsorgt wurde, weil es Ihnen zu wertvoll erscheint? Eignet sich bestens. Auf diese radikale Weise führen Sie sich deutlich den tatsächlichen Wert von Besitz vor Augen: Nur, weil etwas viel gekostet hat, ist es für Sie noch lange nicht von großem Wert. So lernen Sie gleich von Anfang an, zu wagen und neue Beurteilungsmaßstäbe anzulegen – eine gute Vorbereitung für all die Entscheidungen, die Sie als angehender Minimalist noch treffen müssen.

30 TAGE AUSMISTEN – DIE MINIMALISTISCHE FASTENKUR

Joshua Fields Millburn und Ryan Nicodemus, die beiden bereits in der Einleitung erwähnten Minimalisten, haben eine weitere Methode entwickelt, die Ihnen das Ausmisten erleichtert: die 30- Tage-Methode. Hierbei sollen Sie 30 Tage lang ausmisten, und zwar mit steigender Auswahlrate. Am ersten Tag beginnen Sie mit einem Gegenstand, der entsorgt wird. Das wird Ihnen vermutlich noch sehr leichtfallen, ebenso wie der zweite Tag, an dem Sie zwei Dinge aussortieren sollen. Am dritten Tag trennen Sie sich von drei Dingen und in dieser Weise fahren Sie fort, bis Sie an Tag 30 – genau – 30 Objekte auswählen, von denen Sie sich dauerhaft trennen. Wenn Sie diesen Entsorgungsfahrplan genau befolgen, haben Sie sich am Ende dieses Entrümpelungsmonats um 465 Gegenstände erleichtert – eine durchaus beachtliche Anzahl. Und wenn immer noch überflüssiger Krempel da ist – einfach noch einmal von vorne beginnen. Natürlich können Sie auch irgendwann die Zahl anpassen und nach 20 Tagen aufhören, wenn es einfach nichts mehr gibt, was entsorgt werden soll. Diese Methode ist vor allem für Zögerliche hilfreich: Sie bietet einen sanften Einstieg, steigert sich Schritt für Schritt und gibt aber gleichzeitig einen klaren Plan vor, aus dem Sie sich nicht so leicht herausreden können.

ZURÜCK ZU DEN URSPRÜNGEN – LEBEN MIT 100 GEGENSTÄNDEN

Mit genau dieser Idee hat Dave Bruno (wie am Anfang erwähnt) damals den Minimalismus als modernen Lebensstil begründet und natürlich können auch Sie sich dieser Originalherausforderung stellen. Das Prinzip ist denkbar einfach: Wählen Sie 100 Gegenstände, die Sie besitzen möchten und mit denen Sie fortan leben möchten. Die Zahl 100 ist hierbei eigentlich bedeutungslos, Bruno selbst sagt, er habe sie eben einfach gewählt, weil er schließlich eine wählen musste. Wenn Sie nun also sagen: „100 geht nicht, aber 150 ginge oder 200“, – genauso in Ordnung. Das Entscheidende ist, dass Sie sich selbst einen festen, verbindlichen Rahmen setzen, an den Sie sich dann auch halten. Der Effekt dieser Challenge: Sie werden sich gründlich, kritisch und vernünftig mit Ihrem Besitz auseinandersetzen, denn im Gegensatz zu den anderen Methoden und Challenges geht es nicht nur darum, sich zu fragen, ob Sie etwas noch brauchen oder nicht. Jede Entscheidung *für* einen Gegenstand ist gleichzeitig eine Entscheidung *gegen* einen bzw. mehrere andere, denn Sie dürfen eben nicht beliebig viele besitzen. Deshalb eignet sich diese Methode auch gut als Einstieg und quasi Testlauf, um Blick und Bewusstsein zu schärfen, und somit ist die Methode auch empfehlenswert für Menschen, die ihren Besitz nicht dauerhaft auf eine bestimmte Zahl reduzieren möchten.

SHOPPING RÜCKWÄRTS – DIE „EINKAUFSKORBMETHODE“

Die letzte Ausmistmethode, die ich Ihnen vorstellen möchte, nennt sich Korbmethode, ich bezeichne sie auch gerne als „Rückwärtsshopping“. Schnappen Sie sich einen Einkaufskorb, Wäschekorb oder was Sie sonst so zur Hand haben und ziehen Sie durch Ihre Wohnung wie durch ein Einkaufszentrum. Während Sie dort aber üblicherweise Dinge in den Korb legen, die Sie kaufen und dann besitzen wollen, geht es hier gerade um das Gegenteil: Sammeln Sie Dinge, die Sie nicht mehr benötigen oder nicht mehr wollen. Sie können sich hier ungeordnet an jeder „Produktgruppe“ und in jedem Zimmer bedienen, machen Sie einfach so lange weiter, bis der Korb voll ist. Dieses Vorgehen können Sie jeden Tag wiederholen oder einmal pro Woche oder wie es Ihnen gefällt – fahren Sie fort, bis sich nur noch Dinge in Ihrem Besitz befinden, die Sie auch wirklich haben wollen. Der spielerische Charakter dieser Vorgehensweise macht es leichter, sich von Dingen zu trennen und nicht selten entwickelt man nach einiger Zeit einen gewissen Ehrgeiz, sich zu steigern und die bisherigen Ergebnisse zu übertreffen. So schaffen Sie es ganz nebenbei, das Weggeben von Gegenständen an sich zu einer befriedigenden Tätigkeit zu machen.

Abschließend gilt für all diese Methoden: Was Sie zu entsorgen haben, entsorgen Sie JETZT. Nichts gefährdet Ihre Bemühungen mehr, als den aussortierten Krempel unnötig lange herumliegen zu lassen. Er bringt Unordnung in Ihre vier Wände und vor allem müssen Sie schon über eiserne Selbstbeherrschung verfügen, um nicht im Laufe der Zeit der Verlockung anheimzufallen, doch wieder Dinge daraus hervorzuholen. Bringen Sie sich gar nicht in Versuchung, sondern werden Sie das Zeug los. Jetzt.

SOLL ICH ODER SOLL ICH NICHT? TIPPS ZUR ENTSCHEIDUNGSFINDUNG

All die vorgestellten Methoden können das Ausmisten ganz erheblich erleichtern, indem sie Ziele und Motivationen vorgeben und zudem klare Handlungsanweisungen bieten. Eines können sie Ihnen jedoch nicht abnehmen: Entscheidungen treffen. Am Ende müssen immer noch Sie darüber befinden, in welche Kiste ein bestimmter Gegenstand wandert, ob er im Korb landet etc. Allerdings gibt es auch hierfür einige ganz konkrete Tipps, wie das Entscheiden leichter gemacht werden kann. Fragen Sie sich bei jeder Entscheidung, die Ihnen schwerfällt, ob Aspekte mit hineinspielen, die dort gar nichts verloren haben: Fällt es Ihnen vielleicht nur schwer, sich für die Entsorgung dieses Pullovers zu entscheiden, weil er ein liebgemeintes Geschenk von Ihrer besten Freundin war und Sie sich dem irgendwie verpflichtet fühlen? Wollen Sie das zerfledderte Poster nicht hergeben, weil es Sie an die unbeschwerte Studienzeit erinnert, während der Sie es gekauft haben?

Vielleicht können Sie sich auch nicht zur Weggabe eines Gegenstandes durchringen, weil Sie dafür schon öfter Neidbekundungen oder Komplimente erhalten haben. Machen Sie sich immer wieder bewusst, dass Sie diese Entscheidungen für niemand anderen treffen als für sich. Rechtfertigen müssen Sie sich am Ende nur vor sich selbst, das aber mit gutem Gewissen und mit Ehrlichkeit. Wenn keine Fremdfaktoren Sie in Ihrer Entscheidungsfähigkeit beeinträchtigen, kann es auch helfen, sich ganz bewusst mit etwas völlig anderem zu beschäftigen. Gehen Sie raus, tun Sie etwas anderes und manchmal befällt Sie sozusagen aus dem Nichts das ganz deutliche Gefühl, wie Sie sich entscheiden sollten. Ebenfalls ratsam ist es, Entscheidungen gut gelaunt und keinesfalls unter Stress zu treffen. Ansonsten erhöhen Sie zudem die Wahrscheinlichkeit für Fehlentscheidungen, die Sie unter Umständen später bereuen.

Gerade wenn es um keine sehr weitreichenden Entscheidungen geht, ist man oft auch gut beraten, auf das erste spontane Bauchgefühl zu hören: Sie haben den Gartenzwerg aus der Schublade gezogen und dachten: Oh toll, der bleibt. Dann haben Sie weiterüberlegt und die Vernunft hat sich mit dem Argument gemeldet, dass kein Mensch einen Gartenzwerg wirklich benötigt und jetzt sind Sie etwas ratlos. Die schicke Bluse hingegen hat unwillkürlich ein gewisses Gefühl der Ablehnung in Ihnen hervorgerufen, aber dann haben Sie daran gedacht, wie viel Sie gekostet hat und dass es eigentlich ein schönes und präsentables Kleidungsstück ist. Gerade bei affektiven Entscheidungen von geringer Tragweite ist man gut beraten, dem ersten Impuls zu folgen – schließlich geht es bei all diesen Dingen um Ihr Wohlbefinden. Eine letzte Empfehlung für besonders schwierige Entscheidungsfälle: die 10-10-10-Methode. Fragen Sie sich, wie Sie diese Entscheidung vermutlich in zehn Minuten, in zehn Monaten oder in zehn Jahren treffen würden. Oft haben Sie damit schon die Antwort. Und wenn irgendwann einmal gar nichts geht – erlauben Sie sich eine Schummellösung für Notfälle, wie z. B. eine Münze werfen. Alles ist besser als das endlose Aufschieben.

NEUANSCHAFFUNGEN – NICHT ERWÜNSCHT, ABER UNVERMEIDBAR

Ihre Bestände ausgemistet haben Sie nun erfolgreich, aber natürlich ist der Minimalismus damit nicht erledigt oder für immer bequem eingerichtet, denn da gibt es das Problem der Neuanschaffungen: Egal, wie sehr Sie Ihren Konsum reduzieren, ganz darum herumkommen, Dinge zu kaufen oder anderweitig zu besorgen, werden Sie nie. Selbst der konsequenteste Minimalist verbraucht Dinge und benötigt Neues, Sachen gehen kaputt oder leider auch einmal verloren. Sie haben hier in der Regel zwei Optionen: neu kaufen oder anderweitig besorgen.

VERANTWORTUNGSVOLL EINKAUFEN

Der Neukauf von Dingen ist sicherlich die unbeliebteste Option für Minimalisten, aber in der Realität der allermeisten Menschen lässt es sich kaum gänzlich vermeiden. Das gilt zunächst einmal für Gegenstände des täglichen Gebrauchs und Verbrauchs, allem voran Lebensmittel. Über verantwortungsvollen Lebensmittelkonsum wurde bereits ausführlich gesprochen, deshalb an dieser Stelle nur noch ein paar kurze Empfehlungen für den Lebensmitteleinkauf. Planen Sie Ihren Einkauf im Voraus und legen Sie genau fest, für welche Zeitspanne Sie sich mit Lebensmitteln eindecken wollen, was Sie in dieser Zeit essen wollen und was vielleicht an Grundvorräten in Ihrer Küche fehlt. Gehen Sie keinesfalls spontan, hungrig und unvorbereitet einkaufen, denn dies führt in der Regel zu überflüssigen, ungeordneten Spontankäufen, die Wegwerfen auf der einen und Fehlen an Grundsätzlichem auf der anderen Seite nach sich ziehen. Bewährt haben sich Tabellen und Listen, die Sie oftmals über längere Zeit führen, um sich einen Überblick zu verschaffen, zudem die gute alte Notiztafel in der Küche, auf der notiert wird, was als fehlend auffällt.

Da Minimalismus für die meisten Menschen nicht nur bedeutet, weniger von allem zu wollen, sondern eben Aspekte wie Nachhaltigkeit, Ressourcenschonung und Umweltschutz eine genauso große Rolle spielen, können Sie überlegen, inwiefern Sie hierbei Ihr Einkaufsverhalten ändern wollen. Das durch Minimalisierung eingesparte Geld kann so beispielsweise sinnvoll für hochwertige, biologisch angebaute, lokal produzierte und unverpackte Lebensmittel verwendet werden. Solche Überlegungen sind ebenfalls relevant, wenn es nicht um Nahrungsmittel, sondern um andere Dinge des täglichen Verbrauchs geht, wie zum Beispiel Reinigungsmittel oder Pflegeprodukte. Hier bedeutet der Umstieg auf die Öko-Variante oft eine erhebliche Verbesserung für Klima und Umwelt – gerade was Grundwasserschutz betrifft - und geht glücklicherweise schon lange nicht mehr mit verminderter Wirksamkeit einher.

Sobald es um Gebrauchs- und nicht Verbrauchsgegenstände geht, werden Alternativen zum Neukauf immer praktikabler, aber nicht immer lässt sich ein Neukauf vermeiden. Wenn Sie nun feststellen, dass Sie eine bestimmte Sache aus welchen Gründen auch immer nun einmal kaufen müssen, gibt es einiges an Hilfestellungen, die vermeiden, dass Sie erneut in die Falle planlosen und übermäßigen Konsums tappen. Fragen Sie sich vor jedem Neukauf: Brauche ich das wirklich? Habe ich etwas Vergleichbares, das den benötigten Gegenstand vielleicht ersetzen kann? Wie oft werde ich es verwenden und ist das oft genug, um die tatsächliche Anschaffung zu rechtfertigen? Wo werde ich es verstauen? Wird dieser Gegenstand mir in irgendeiner Form Freude bereiten? Kann ich es vielleicht anders beschaffen?

Um den tatsächlichen Bedarf zu ermitteln, empfehlen sich ein paar Tricks: Leben Sie eine Weile bewusst weiter ohne diesen Gegenstand und analysieren Sie anschließend, wie sehr das Fehlen Sie eingeschränkt hat und ob die Beseitigung dieser Einschränkung wirklich von essenzieller Bedeutung für Sie wäre. Oder stellen Sie sich vor, wie Sie die Frage nach der Notwendigkeit in ein paar Wochen oder Monaten beantworten würden: Würden Sie immer noch sagen, ja, das brauche ich? Wenn dies der Fall ist, geht es darum, vernünftig zu wählen. Setzen Sie sich einen sinnvollen Budgetrahmen und recherchieren Sie vor dem

Kauf gründlich, ob dieses Objekt wirklich optimal Ihre Bedürfnisse abdeckt. Beziehen Sie auch den Aspekt der Langlebigkeit mit ein: Vielleicht ist es sinnvoller, etwas mehr Geld für eine hochwertigere Variante auszugeben, den Gegenstand dafür aber deutlich länger benutzen zu können. Gerade wenn Sie ein Schnäppchen entdecken, erlauben Sie sich keinesfalls, es sofort zu kaufen: Diese Angebote rufen in uns ein Gefühl der Dringlichkeit hervor und wir befürchten, eine einzigartige Chance zu verpassen. In der Regel ist dies natürlich völliger Unsinn: Die Regale der Elektronikmärkte, Einrichtungshäuser und Spielzeuggeschäfte werden auch am nächsten Tag noch gefüllt sein. Schlafen Sie also mindestens eine Nacht darüber und wenn Sie dann immer noch davon überzeugt sind, dass genau dieser Gegenstand der richtige und benötigte ist, dann gehen Sie los und kaufen Sie ihn.

ALTERNATIVE BESORGUNGSMÖGLICHKEITEN

Anschaffungen sind manchmal nötig, aber nicht immer muss es gleich der Neukauf sein. Wie im vorigen Punkt angesprochen, sollten Sie sich als Erstes grundsätzlich die Frage stellen, ob Sie einen bestimmten Gegenstand tatsächlich käuflich erwerben müssen, zumal noch neu. Dazu gibt es nämlich eine ganze Fülle an Alternativen, von denen viele Ihnen sicher bereits bekannt, andere hingegen möglicherweise noch nicht so vertraut sind.

Zunächst lässt sich vieles (und zwar wirklich sehr vieles!) gebraucht erwerben. Stöbern Sie doch einmal durch Seiten wie die Kleinanzeigenabteilung von Ebay, gebraucht.de oder rebuy.de und Sie werden feststellen, dass Sie so gut wie Ihren gesamten Hausrat, Ihre Einrichtung, Ihre Kleidung und Dinge wie Fahrräder, Autos, Bücher, Elektronikartikel und Unzähliges mehr problemlos gebraucht kaufen können. Je nach Ihren Ansprüchen kann dies sehr günstig sein, manches gibt es sogar geschenkt. Dies gilt insbesondere für Dinge wie Möbel, Geschirr oder Dekorationselemente.

Nicht alles ist vielleicht sofort verfügbar, aber wenn Sie ehrlich sind, benötigen Sie auch die meisten Dinge nicht gleich am nächsten Tag. Sie hätten gerne ein Sofa? Dann beobachten Sie doch einmal über einige Tage oder Wochen hinweg die entsprechenden Anzeigen und früher oder später werden Sie sicher fündig. Gerade der Markt für gebrauchte Kleidung ist riesig und es gibt eigene Plattformen, die sich darauf spezialisiert haben, wie z. B. Kleiderkreisel. Zudem finden Sie in jeder Stadt Second-Hand-Läden und Flohmärkte mit oft sehr großem Sortiment. All diese Möglichkeiten können natürlich auch rückwärts genutzt werden: Wenn Sie etwas aussortiert haben, können Sie es dort vielleicht noch weiterverkaufen oder sogar verschenken. In vielen Fällen ist es jedoch nicht einmal nötig, etwas gebraucht zu erwerben. Es gibt eine Vielzahl von Alternativen: reparieren, selbst machen, ausleihen, tauschen, teilen.

Gerade beim Reparieren und Selbermachen können Sie heutzutage wunderbar Hilfe aus dem Internet bekommen. Zum einen gibt es zahlreiche Seiten und Blogs, in denen Menschen darüber berichten, wie Sie Dinge selbst herstellen. Manchmal werden unter dem Stichwort Upcycling aus ausrangierten Gegenständen mit ein wenig Bastelarbeit völlig neue Dinge geschaffen, die konventionell erzeugte Objekte absolut gleichwertig ersetzen. So können Sie sich mit einfachsten Mitteln selbst Aufbewahrungselemente, Dekoartikel,

Taschen, Schmuck und sogar Möbelstücke herstellen, die zudem den Vorteil haben, genauso gestaltet zu sein, wie es Ihnen gefällt.

Auch im Bereich der Kosmetik haben zahlreiche Menschen beeindruckende und schöne Möglichkeiten entwickelt, sich das Benötigte selbst herzustellen. Gerade für die Haarpflege gibt es mittlerweile tausende Rezepte und Vorschläge, wie Shampoos, Spülungen & Co. durch selbstgemachte Alternativen ersetzt werden können. Wertvolle Zutaten wie Kokos- oder Olivenöl, Sheabutter, Bienenwachs oder ätherische Öle ersetzen chemisch erzeugte Mittel, die mit einer Vielzahl von Inhaltsstoffen daherkommen, Ressourcen ausbeuten, das Grundwasser verseuchen oder womöglich sogar Tierversuche nötig gemacht haben. Auch überraschend Simples wie Roggenmehl oder Apfelessig kann industriell erzeugte Shampoos oder Seifen locker ersetzen. Seien Sie hier neugierig und begreifen Sie das Stöbern danach als interessante Entdeckungsreise, das Internet ist voll mit entsprechenden Anleitungen. Dies gilt insbesondere auch für das Reparieren defekter Gegenstände. Für nahezu jede Reparatur, die von Laien durchgeführt werden kann, gibt es inzwischen bei YouTube und ähnlichen Plattformen sogar Schritt-für-Schritt-Videos, mit denen auch völligen Anfängern das jeweilige Vorhaben gelingt. In größeren Städten haben Initiativen mittlerweile auch Werkstätten eingerichtet, z. B. für Fahrräder, in denen Sie selbst mit zur Verfügung gestelltem

Werkzeug und bei Bedarf mit sachkundigem Rat von Experten Reparaturen oder Selbstbauprojekte durchführen können.

Für viele Gegenstände bietet sich auch hervorragend eine der folgenden Optionen an: ausleihen, teilen oder tauschen. Tauschen geht fantastisch, gerade mit Kindersachen oder auch mit Schul- und Studienliteratur, da die meisten Menschen die entsprechenden Dinge nur eine Zeit lang brauchen, dafür aber in voraussehbarer Abfolge bestimmte andere Dinge benötigen werden. Oft gibt es entsprechende Tauschbörsen, Ankündigungen dafür finden sich in lokalen Facebookgruppen oder es gibt Aushänge in Kitas, Schulen und oft auch in Supermärkten. Eine besondere Variante, die zudem richtig Spaß macht, sind sogenannte Kleidertauschpartys. Sie bringen Kleidungsstücke mit, die Sie selbst nicht mehr brauchen und können sich dafür aus einem oft großen Fundus Dinge heraussuchen, die Ihnen gefallen. Teilen und Ausleihen empfiehlt sich vor allem für Dinge, die wir zwar dringend, aber nicht oft benötigen. Meistens machen genau diese Dinge einen erheblichen Teil der Dinge aus, die viel Platz benötigen und uns nerven, weil sie ständig im Weg sind, ganz hergeben wollen wir sie aber nicht, weil sie manchmal eben doch unentbehrlich sind.

Gute Beispiele dafür sind Werkzeuge wie Bohrmaschinen und Akkuschrauber, aber auch spezielle Küchengeräte oder auch Dinge wie Grill, Fußballtore oder Gesellschaftsspiele. Hier können Sie kreativ und auch sozial tätig werden: Regen Sie doch beispielsweise bei Ihren Nachbarn an, ein solches Gemeinschaftsprojekt zu starten. Sie könnten eine Liste erstellen, wo jeder einträgt, was für derartige Gegenstände er besitzt und bereit ist, zu verleihen, und diese Liste können Sie im Treppenhaus aufhängen oder für jeden Haushalt eine Kopie anfertigen. Für ein Mietshaus mit acht Mietparteien ist eine Bohrmaschine meist völlig ausreichend und es braucht auch ganz sicher nicht jeder einen eigenen Grill. Ein weiterer Pluspunkt: Sie kommen ins Gespräch und knüpfen Kontakte mit den Menschen, die Sie umgeben – ein wunderbarer Verhütungsfaktor für nachbarschaftlichen Zwist und nicht selten eine Grundlage für schöne neue Bekanntschaften und Zusammenschlüsse.

GEISTIG ENTRÜMPELN – MINIMALISMUS IM GEDANKEN- UND GEFÜHLSLEBEN

Völlig losgelöst von der materiellen Ebene gibt es nun noch einen ganz anderen Bereich in Ihrer Existenz, in dem gründliches Ausmisten möglicherweise nicht schaden würde. Manche Menschen haben in dieser Hinsicht keine Probleme, für andere liegt hierin die vielleicht größte Belastung: überflüssige, belastende und hindernde Gedanken. Da man hier schnell tief einsteigen muss in psychologische Betrachtungen und entsprechende Maßnahmen, kann dieses Buch natürlich nur eine Art kurzen Ausblick anbieten, der aber auf keinen Fall versäumt werden soll, denn: Sie können noch so viele alte Tassen und ungetragene Blusen wegwerfen – wenn in Ihren Gedanken Chaos und überbordende Lasten vorherrschen, werden Sie kaum tatsächlich glücklicher werden.

Wenn Sie für sich erkennen, dass dies auf Sie zutrifft, dann ist es empfehlenswert, sich mit der Frage nach geistiger Ordnung und Ausgeglichenheit zusätzlich noch ausführlich zu beschäftigen. Die ersten Ansatzpunkte und vielleicht Anregungen möchte ich Ihnen gerne mit auf den Weg geben.
Oft ist das größte Hindernis für tatsächliche Veränderungen nirgendwo anders zu finden als in unseren Gedanken und Gefühlen. Wir schleppen uralte Ängste,

schlecht verarbeitete Traumata und nie verwundene Kränkungen mit uns herum wie einen überfüllten Armeerucksack beim Gewaltmarsch. Und während es vergleichsweise leicht ist, überflüssige Gegenstände einfach in die Hand zu nehmen und in die nächste Mülltonne zu stopfen, fällt uns dies bei solchen Gedanken um einiges schwerer.

Der erste und wichtigste Schritt ist Bewusstmachen. Das Stichwort hierfür lautet Achtsamkeit und vielleicht haben Sie von diesem Konzept schon einmal gehört. Letztlich geht es darum, durch verschiedene Meditations- und Besinnungstechniken ein besseres Verständnis von den eigenen Empfindungen zu erlangen. Durch bestimmte Übungen wie Atemmeditationen, bei denen Sie sich eine Zeit lang auf nichts anderes konzentrieren als auf Ihren eigenen Atem, wird Raum geschaffen, die eigenen Impulse, Gefühle und Empfindungen deutlicher und bewusster wahrzunehmen. Dies ist der erste Schritt, um später womöglich notwendige Veränderungen einzuleiten. Wir müssen erst erkennen, was falsch läuft und uns stört, bevor wir uns daran machen können, es zu ändern. Nehmen Sie sich also vor, in regelmäßigen Abständen irgendeine Form der Besinnung durchzuführen, bei der Sie genau in sich hineinhorchen, um auf Dinge zu stoßen, die Sie belasten: Vielleicht merken Sie, dass Sie vor entscheidenden Veränderungen immer wieder zurückschrecken, weil Ihnen das Risiko zu groß erscheint. Trauen Sie sich selbst diese Veränderungen nicht zu? Hat vielleicht ein prägender Moment des Scheiterns Sie so nachhaltig verstört, dass Sie von diesem Schrecken bis heute gelähmt werden in Ihren Entscheidungen?

Möglicherweise haben Sie irgendwann einmal von jemandem, der Ihnen nahestand, Abwertung oder Verachtung für eine bestimmte Entscheidung erfahren und können diese Kritik bis heute nicht überwinden? Vielleicht entdecken Sie bei genauerer Betrachtung Denkmuster, die immer wieder auftauchen und Ihre Bemühungen um Veränderung im Keim ersticken. Kennen Sie Gedanken wie „Ich kann das nicht“, „Ich bin nicht gut genug“, „Das ist zu riskant, ich sollte auf Nummer sichergehen“, „Was werden meine Freunde/Eltern/Kollegen denken?“ oder womöglich „Das steht mir nicht zu, das habe ich nicht verdient“? Der Punkt bei all solchen Gedanken ist, dass sie Ihnen niemals irgendeinen Lohn einbringen werden, niemand wird Sie dafür bewundern oder respektieren, sie werden Ihnen keine Vorteile verschaffen, sondern sie stehen sämtlichen wirklichen Veränderungen und neuen Richtungen Ihres Lebens im Weg. Solche Gedanken halten Sie klein, bremsen Sie und zwingen Sie, in den immer gleichen engen Bahnen zu verharren und weiterzulaufen. Wenn Sie das nicht mehr möchten – wenn Sie es *wirklich* nicht mehr möchten –, werden Sie nicht darum herumkommen, auch geistig zu entrümpeln. Sie müssen sich von einzelnen Gedanken und von bestimmten grundlegenden Denkmustern trennen, um den Aufbruch in ein neues Leben überhaupt möglich zu machen. Hören Sie also nicht beim Sortieren Ihrer Garderobe auf, das wird nichts nutzen und vor allem nicht von Dauer sein, wenn es Ihnen nicht gelingt, auch in Ihr Denken diese neue Klarheit, Ordnung und also letztlich die minimalistische Einstellung Einzug halten zu lassen. Hören Sie offen und ehrlich in sich hinein und finden Sie für sich Möglichkeiten, diesen Punkt in Angriff zu nehmen. Achtsamkeitspraktiken, Yoga oder andere Meditationstechniken können hier eine große Hilfe sein, also nehmen Sie sich die Zeit und wagen Sie den Versuch, auch in diesem Bereich neue Wege zu gehen und experimentierfreudig zu sein.

Minimalist werden ist schwer, Minimalist bleiben noch viel mehr

Wenn Sie dem Buch und seinen Anregungen bis hierhin gefolgt sind, dürfte Ihr Leben mittlerweile ziemlich auf dem Kopf stehen oder Sie sind gerade dabei, das zu erreichen. Dafür möchte ich Ihnen zunächst einmal meine aufrichtige Anerkennung aussprechen, denn dies ist etwas, was viele Menschen in ihrem Leben niemals wagen. Was mir nun noch bleibt, ist, Ihnen ein paar letzte Ratschläge mitzugeben, vor allem Tipps, wie Sie es schaffen, diese neue Errungenschaft in Ihrem Leben auch zu erhalten. Sich einmal minimalistisch einzurichten in seinem Dasein ist schwer – dabei zu bleiben noch schwerer. Die entscheidende Grundlage hierfür ist, dass Sie Ihren persönlichen Minimalismus genauso ausgestalten, wie er zu Ihnen, Ihren Bedürfnissen und Ihrer Lebenssituation passt. Lassen Sie sich nicht dazu verleiten, die Angelegenheit als eine Art Wettbewerb, Bewährungsprobe oder Profilierungsmöglichkeit zu sehen: Minimalistisch leben soll und kann nur Ihnen dienen, niemand anderem sonst, und sobald Sie zulassen, dass andere Ihre Entscheidungen beeinflussen oder bewerten, richten Sie sich nach Vorstellungen, die nicht Ihre eigenen sind.

Außerdem erhöhen Sie entscheidend das Risiko, das ganze Vorhaben scheitern zu lassen. Wenn Sie Vorgaben folgen, die eigentlich nur die Vorstellungen und Ansprüche anderer Menschen bedienen, wird das Befolgen der neuen Regeln Zwang und Verpflichtung – und damit unangenehm, belästigend und anstrengend. Genau dies ist die magische Linie, auf der Sie lernen müssen, zu balancieren: Natürlich verlangt der Minimalismus Ihnen einiges an Disziplin und Willen ab und Sie müssen einiges an Veränderungen – auch tiefgreifende – hinnehmen, aber das Entscheidende ist, dass diese Veränderungen von Ihnen gewollt und beschlossen sind.

Sie erobern sich damit nichts weniger als die Hoheit über Ihr eigenes Leben zurück und werden sich deswegen, wenn Sie klug und mit Bedacht ausgewählt und festgelegt haben, mit Freude und Begeisterung daran machen, die neuen Herausforderungen zu bewältigen. Deshalb ist die Königsregel: Überfordern Sie sich nicht und verlangen Sie sich nichts ab, was nicht Ihren eigenen Überzeugungen entspricht und Ihrem eigenen Antrieb entspringt. Das Sich-Einrichten in Ihrer neuen minimalistischen Existenz ist gerade zu Beginn ein Experimentier- und Versuchsprozess. All die neuen Grundlagen müssen Sie zunächst mit sich selbst aushandeln und dann auf ihre Durchführbarkeit prüfen.

Wenn Sie feststellen, dass eine bestimmte Regel oder ein gewisser Aspekt Ihnen nicht entspricht und Ihnen auf Dauer mehr Bürde als Befreiung ist, scheuen Sie sich nicht, diese Regel auch wieder zu verwerfen. Seien Sie geduldig mit sich selbst beim Entwickeln von Maßstäben, die für Sie passend sind und die jene Dinge umsetzen, auf die es Ihnen persönlich ankommt und seien Sie ebenfalls nachsichtig, wenn Sie den selbst gesteckten Zielen und Anforderungen nicht immer entsprechen. Denken Sie daran, über wie viele Jahre oder Jahrzehnte hinweg Sie Verhaltensmuster eingeübt haben, die Sie nun ändern wollen – das kann und wird nicht in ein paar Wochen gelingen. Beständigkeit, Klarheit im Fokus und Bewusstsein für Ihre eigenen Bedürfnisse und Wünsche sind die entscheidenden Faktoren und gleichzeitig der Kompass für Ihr Leben – dass dies eine Selbstverständlichkeit wird, ist der eigentliche Kern des Minimalismus.

Bonus: Ein Gratis E-Book!

Als kleines Dankeschön, dass Sie meine Arbeit unterstützen, möchte ich Ihnen ein Geschenk machen.

Sie erhalten das Buch „Ziele setzen und erreichen" vollkommen kostenlos!

In diesem Buch erfahren Sie:

- wie Sie Ihre Ziele im Handumdrehen erreichen
- wie Sie sich auf Erfolg programmieren
- wie das Gesetz von Ursache und Wirkung funktioniert und wie Sie davon profitieren können

...und vieles mehr!

Mein Geschenk an Sie:

Ziele setzen und erreichen

Um das Buch herunterzuladen scannen Sie einfach den nachfolgenden QR-Code mit Ihrem Smartphone und einer passenden App.

DANKSAGUNG

Lieber Leser, liebe Leserin!

Falls Ihnen dieses Buch gefallen hat, wäre ich Ihnen sehr dankbar, wenn Sie sich 60 Sekunden Zeit nehmen würden, um eine kurze Rezension zu dem Buch zu verfassen.

Als unabhängiger Autor mit kleinem Marketingbudget, bin ich sehr stark darauf angewiesen, dass Leser Rezensionen bei Amazon hinterlassen.

Bewertungen sind die Grundlage des Erfolges für uns Autoren. Sie machen einen großen Unterschied aus und sind enorm wichtig. Ich wäre Ihnen sehr dankbar, wenn Sie mich auf diesem Weg unterstützen würden.

Um eine Bewertung zu verfassen, scrollen Sie einfach auf der Produkteseite hinunter und klicken auf Rezension verfassen, oder scannen Sie den nachfolgenden QR-Code mit Ihrem Smartphone und einer passenden App. So gelangen Sie zur Seite, wo Sie dann nur noch Ihre Sternebewertung abgeben und ein paar kurze Sätze zum Buch schreiben können.

SCAN ME

Ich möchte mich bei Ihnen für den Erwerb dieses Buches bedanken und hoffe Sie konnten daraus viel für Ihr Leben mitnehmen.

Falls Sie irgendwelche Anregungen haben, weil Sie mit irgendetwas nicht zufrieden waren, können Sie sich jederzeit gerne mit mir in Verbindung setzen. Ich bin mir sicher wir finden eine gemeinsame Lösung.

support@books-4you.de

weitere Werke des Autors:

SCAN ME

ROBERT BRAND
GEWALTFREIE
KOMMUNIKATION
Mehr Verbundenheit durch
wertschätzende Kommunikation
Wie Sie durch Empathie und Achtsamkeit
Konflikte lösen, sowie Ihre Gesprächsführung
und Beziehungen verbessern

SCAN ME

IMPRESSUM

Kontakt: vertreten durch Thomas Mayrhofer, Franz Josefstraße 38/2/9, 2344 Maria Enzersdorf

HAFTUNGSAUSSCHLUSS

Der Inhalt dieses Buches wurde mit großer Sorgfalt geprüft und erstellt. Für sämtliche Inhalte kann jedoch keine Gewährleistung übernommen werden. Für etwaige Schäden jeglicher Art kann der Autor aus keinem Rechtsgrund eine Haftung übernehmen. Für selbstverursachte Schäden materieller oder ideeller Art und Fehlhandlungen sowie Fehlanwendungen des Lesers wird daher keine juristische Haftung seitens des Autors übernommen. Ausgeschlossen sind daher auch jegliche Rechts- und Schadensansprüche. Die Verantwortung für die im Buch erwähnten Informationen liegt einzig und allein beim Leser selbst.

URHEBERRECHT

Printed in Poland
by Amazon Fulfillment
Poland Sp. z o.o., Wrocław

83845536R00094